KB126274

고등소학독본 1

■ **성윤아**

상명대학교 교육대학원 조교수
도쿄대학대학원 인문사회계연구과 일본문화연구전공(석사·박사)
저서: 『역사로 풀어보는 일본: 일본어 일본문학 일본문화』(공저, 제이앤씨출판사, 2010), 『일본어 작문 무작정 따라하기』(공저, 길벗이지톡, 2012), 『근대 일본의 '조선붐'』(공저, 역락, 2013), 『近代朝鮮語会話書に関する研究: 明治期朝鮮語会話書の特徴と近代日本語の様相』(제이앤씨출판사, 2014), 『近代朝鮮語会話: 資料解題』(도서출판 가연, 2014) 등.
역서: 『두뇌혁명』(세경북스, 1998), 『과학기술입국의 길』(한국경제신문사, 1998), 『언어와 문화를 잇는 일본어교육』(공역, 시사일본어사, 2012)등 다수.

고등소학독본 1

1판 1쇄 인쇄_2015년 11월 20일
1판 1쇄 발행_2015년 11월 30일

옮긴이_성윤아
펴낸이_양정섭
펴낸곳_도서출판 경진
등록_제2010-000004호
블로그_http://kyungjinmunhwa.tistory.com
이메일_mykorea01@naver.com

공급처_(주)글로벌콘텐츠출판그룹
대표_홍정표
편집_송은주 **디자인**_김미미 **기획·마케팅**_노경민 **경영지원**_안선영
주소_서울특별시 강동구 천중로 196 정일빌딩 401호
전화_02-488-3280 **팩스**_02-488-3281
홈페이지_http://www.gcbook.co.kr

값 17,000원
ISBN 978-89-5996-493-2 94370
ISBN 978-89-5996-492-5 94370(세트)

※ 이 도서의 국립중앙도서관 출판예정도서목록(CIP)은 서지정보유통지원시스템 홈페이지(http://seoji.nl.go.kr)와 국가자료공동목록시스템(http://www.nl.go.kr/kolisnet)에서 이용하실 수 있습니다. (CIP제어번호: CIP2015032375)

고등소학독본 1

성윤아 옮김

■ 일러두기

·이 책은 문부성(文部省) 총무국(総務局) 도서과(図書課) 소장판『고등소학독본(高等小學讀本)』(1888, 문부성)을 완역한 것이다. 단, 누락된 페이지의 경우에는 문부성 편집국(編集局) 소장판을 저본으로 하였다.
·연구 자료로서의 가치를 높이기 위해 한국어 완역과 원문을 함께 실었다.
·국립국어원의 한글맞춤법과 외래어 표기법에 따랐다.
·일본어 문말 어미가 통일되어 있지 않은 경우, 문체의 일관성을 위해 한국어 번역에서는 통일했다.
·일본의 인명, 지명, 서적명 등은 일본식 음독과 원서의 표기를 따랐으나 이미 한국 내에서 통용중인 용어는 한국식 표기를 따랐다.
예) 도쿄東京, 아시아亜細亜州, 오사카성大坂城
·중국의 인명, 지명, 서적명 등은 한국식 음독으로 표기했다.
·자연스러운 한국어역을 위해 원문에 없는 문장부호를 사용하였다.
·한자표기는 원문에 따랐다.
·낙자, 오식 등은 교정하여 번역하였다.
·서명은『 』, 글의 제목은「 」로 표시했다.
·연호는 서기연도연호로 표기하였다.
·지명과 인명의 초출 한자는 매 과마다 한 번씩 제시했다. 일반 어휘 중에서는 일본어 한자표기가 한국어 번역어와 차이가 있는 경우, 번역어라도 독자의 이해를 위한 경우에는 한자어를 병기했다.
·원문의 매 과 말미에 제시되는 난독 한자와 어휘의 주해는 본문 안에 *로 표기하였으나 해설과 단어가 같은 경우에는 해설을 생략하였다.
·도량형은 원문대로 명기한 후 현대의 도량법으로 환산하였다.
예) 5~6정町(545~654m)

해제

근대 일본은 메이지시대에 급격한 교육제도의 변화를 겪는다. 1872년 프랑스의 학구제를 모방해 지역을 나누어 교육기관을 설치하는 '학제學制'가 공포되자 그에 맞는 교과서 편찬이 시급해졌다. 당시에는 1860년대 미국의 초등교육 교재인 Willson's Reader를 번역하여[1] 교과서로 발행하는 등 서구의 교과서를 번역 출간하는 데 힘을 기울였고, 당시의 지식인들에게도 서구의 지리나 근대과학을 소개하는 것이 계몽운동의 중요한 일 중 하나였기에 단기간에 수많은 번역교과서가 발행되었다. 그러나 1879년에 '학제'가 폐지되고 '교육령教育令'이 공포되면서 교과서는 새로운 전기를 맞이한다. 문부성의 관리이자 이와쿠라岩倉 사절단의 일원인 다나카 후지마로田中不二麻呂가 미국을 다녀온 뒤 교육의 권한을 지방으로 위탁해야 한다고 주장하여 '교육령'으로 인해 지방의 교육 권한이 대폭 강화되었다. 아직 성숙한 교육시스템이 정착하지 못했던 일본에서

1) 한국의 Willson's Reader와 연관한 선행연구로는 『국민소학독본』의 과학사적 내용을 비교, 검토한 연구가 있다(박종석·김수정, 「1895년에 발간된 『국민소학독본』의 과학교육사적 의의」, 『한국과학교육학회지』 33호, 2013). 1895년 5월 1일 외부대신 김윤식이 주일공사관 사무서리 한영원에게 일본의 심상사범학교와 고등사범학교의 교과서를 구득하여 보낼 것(舊韓國外交文書 3, 日案 3623號, 高宗 32年 5月 1日)을 지시한 것으로 미루어보아 Willson's Reader를 참고한 일본의 『고등소학독본』을 그 저본으로 삼은 것을 알 수 있다.

오히려 교육령으로 인해 학제가 구축해놓은 질서가 붕괴되자 많은 비난이 일었다. 그러자 이듬해 1880년 '개정교육령'이 공포되었고 3월에 문부성은 편집국을 설치하여 교과서로 부적당하다고 판단되는 교과서에 대해 부현府県에 통지하여 사용을 금지했다. 1883년부터는 교과서 인가제도가 시행되어 문부성의 인가를 얻어야만 교과서로 사용할 수 있게 되었다. 1885년에는 초대 문부대신 모리 아리노리森有礼가 취임한 후 1886년 3월 제국대학령帝國大學令, 4월 사범학교령師範學校令, 소학교령小學校令, 중학교령中學校令을 연이어 공포함으로써 근대학교제도의 기반을 확립했으며, 1887년부터 '교과용도서 검정규칙教科用圖書檢定規則'[2]을 시행함으로써 교과서의 검정제도가 시작되기에 이른다.

1886년에 제1차 소학교령[3] 공포로 소학교를 심상소학교尋常小學校와 고등소학교高等小學校의 두 단계로 하여 각각 4년씩 총 8년의 초등교육을 시행하게 된다. 이 시기에 문부성에서 발간한 3가지 독본이 『독서입문讀書入門』(1권), 『심상소학독본尋常小學讀本』(7권), 『고등소학독본高等小學讀本』(8권 예정, 7권 편찬)이다. 다른 교과서는 공모를 통해 출간하는 경우도 있었으나 이 세 독본은 문부성에서 직접 발간했는데, 이는 검정시기 민간 교과서에 하나의 표준을 보여주기 위해 편찬한 것으로 독본의 출판을 통해 교과서를 개선하고자 한 것이다.

---

2) 1887년 5월 7일 관보를 살펴보면 검정규칙의 취지는 교과용 도서로 사용하는 데 폐해가 없다는 것을 증명하는 데에 있으며 문부성에서 교과용 도서에 대한 허가를 반드시 받아야 함을 명시하고 있다(第1條 教科用圖書ノ檢定ハ止タ圖書ノ教科用タルニ弊害ナキコトヲ證明スルヲ旨トシ其教科用上ノ優劣ヲ問ハサルモノトス).

3) 1886년 4월 10일 관보(官報)의 '소학교령'을 살펴보면 제1조에 심상소학, 고등소학 2단계 설치를 명시하고 있다(第1條 小學校ヲ分チテ高等尋常ノ二等トス). 그 이전에는 1881년 '소학교교칙강령(小學校教則綱領)'에 의해 초등·중등·고등의 3단계 교육을 실시하였다(第1條 小學科を分て初等中等高等の三等とす).

1888년에 일본 문부성에서 펴낸 고등소학독본은 고등소학교용 국어독본이다.

고등소학高等小學은 1886년부터 1941년까지 설치된 교육기관으로 심상소학교尋常小學校를 졸업한 사람이 다녔던 학교기관이다. 오늘날의 학제로 말하자면 초등학교 고학년에서 중학교에 해당되는 것이라 할 수 있다. 『고등소학독본』이 발간된 1888년 당시는 4년간의 심상소학교를 마친 후 2~4년간의 과정이었다. 1887년에 간행된 『심상소학독본』의 학습을 마친 뒤 연계하여 교육하는 교과서로 당초 총 8권을 발행할 예정이었으나, 1890년 10월 제2차 '소학교령小學校令'[4]의 개정과 '교육칙어敎育勅語'[5]의 공포로 인해 편집 방침이 바뀌면서 1889년 10월, 제7권의 간행을 마지막으로 중단되었다.[6]

검정제도를 구체화한 법규들이 공포된 뒤에 간행되었기 때문에 '소학교의 학과 및 그 정도小學校ノ學科及其程度'[7]와 같은 문부성의 편집방침에 따라 일본의 역사를 중시하며, 동시에 서양의 실용주의적 학문을 적극적으로 받아들여 이과理科제재의 내용이 새롭게 실렸다. 발전적인 근대 국가를 지향해 세계 선진 국가와 도시의 모습을 상세히 소개했으며, 세계 각 국의 일화를 게재하여 세계 시민으로서의 수신 덕목을 강조했다. 또한 일본 및 서양의 위인의 행적을

---

4) 소학교의 교육 목적을 아동신체의 발달에 유의하여 도덕교육 및 국민교육의 기초 그리고 그 생활에 필수가 되는 지식, 기능의 전수를 취지로 삼았으며, 의무교육인 심상소학교의 수업 연한을 3년 또는 4년으로 했다. 고등소학교의 수업 연한을 2~4년으로 했다.

5) 교육칙어(敎育勅語)는 1890년 10월 30일 궁중에서 메이지(明治)천황이 야마가타 아리토모(山縣有朋) 내각총리대신과 요시카와 아키마사(芳川顯正) 문부대신에게 내린 칙어이다. 이는 메이지유신 이후 일본제국에서 수신, 도덕교육의 근본 규범이 되었다.

6) 『고등소학독본』 서언에 '이 책은 본국(本局)에서 편찬한 심상소학독본에 이어 고등소학과 1학년 초부터 4학년 말까지의 아동들에게 독서를 가르칠 용도로 제공하기 위해 편찬한 것으로 모두 8권으로 이루어져있다.'라고 되어 있다.

7) 수신, 독서, 작문, 습자, 지리, 역사, 이과의 학습 내용 및 학습 정도를 명기하고 있는데 그 이전에 공포되었던 '소학교교칙강령'과 비교해 보면 이 중 이과는 신설된 것으로 그 이전까지는 물리, 화학, 박물, 생리로 나뉘어 있었다.

실어 학생의 진취적인 정신을 고취시켰다. 따라서 고등소학독본은 일본의 교육 근대화를 보여주는 동시에 당시 근대화에 관한 인식을 보여주는 매우 중요한 자료라 할 수 있다.

『심상소학독본』에 비해 수준이 높은 문장으로 쓰여 있으며 문어체 문장이 주류를 이룬다.[8] 표기는 대부분 한자와 가타가나カタカナ로 표기했으며, 한시는 한문으로, 운문은 히라가나平仮名로 표기했다. 인쇄도 근대적인 명조체의 활자체로 통일되어 있다. 총 7권이며, 다음 〈표 2〉와 같이 1권 37과, 2권 34과, 3권 36과, 4권 36과, 5권 35과, 6권 37과, 7권 36과로 총 7권 251개과로 구성되어 있다.

〈표 1〉 『고등소학독본』 편찬시기 주요 사항

날짜	교육 관련 법규
1879년	'학제' 폐지, '교육령' 공표
1880년	'개정교육령' 공표
1880년 3월	문부성 편집국 설치, 교과서 편찬 착수
1881년	'소학교교칙강령'
1883년	문부성 교과서 인가제도
1885년	모리 아리노리 초대 문부대신 취임
1886년	교과서 검정제도
1886년 4월	'소학교령'(1차)
1886년 5월	'교과용도서검정조례', '소학교 학과 및 그 정도'
1887년 3월	'공사립소학교 교과용도서 선정방법'
1887년 5월	'교과용도서검정규칙'
1887년	『심상소학독본』 편찬
1888년	『고등소학독본』 편찬
1889년	'대일본제국헌법' 발포
1890년	'소학교령'(2차)

8) 1886년 5월 제정, '소학교의 학과 및 그 정도' 제10조 '독서' 규정에 '심상소학과에서는 가나, 가나 단어, 단구(短句), 간소한 한자가 혼용된 단구 및 지리, 역사, 이과의 사항을 넣은 한자혼용문. 고등소학과에서는 다소 이것보다 높은 수준의 한자혼용문'으로 되어 있다(1886년 5월 25일 『官報』, 1쪽).

〈표 2〉『고등소학독본』 단원 구성[9]

〈제1권〉

서명	단원	단원명(원제)	단원명(한국어 번역)	제재
高等小學讀本 巻一	1	吾国	우리나라	지리(일본)
	2	知識ヲ得ルノ方法	지식을 얻는 방법	기타(수신)
	3	子鹿ノ話	아기사슴 이야기	기타(수신)
	4	都会	도회	지리(일본)
	5	東京	도쿄	지리(일본)
	6	兄ノ親切	오빠의 친절	이과(식물)
	7	吾家	우리집	기타(수신)
	8	日本古代ノ略説	일본 고대의 개요	역사(일본고대)
	9	京都	교토	지리(일본)
	10	日本武尊ノ武勇	야마토 다케루노미코토의 용맹	역사(일본고대)
	11	一滴水ノ話	한방울의 물 이야기	이과(지문·천문)
	12	閨の板戸	침실의 널문	기타(수신)
	13	日本武尊ノ東夷征伐	야마토 다케루노미코토의 용맹	역사(일본고대)
	14	木炭	목탄	실업
	15	大江某ノ話	오에 아무개의 이야기	기타(수신)
	16	商売及交易	상업 및 교역	국민
	17	大阪	오사카	지리(일본)
	18	上古ノ人民 一	상고시대 사람들 1	역사(일본고대)
	19	上古ノ人民 二	상고시대 사람들 2	역사(일본고대)
	20	栄行ク御代	번영해가는 천황의 치세	기타(수신)
	21	雞ノ話	닭 이야기	이과(동물)
	22	海岸	해안	지리
	23	横濱	요코하마	지리(일본)
	24	菜豆	강낭콩	이과(식물)
	25	三韓ノ降服	삼한의 항복	역사(일본고대)
	26	時計	시계	이과(물리)
	27	犬ノ話	개 이야기	이과(동물)
	28	雲ト雨トノ話	구름과 비 이야기	이과(지문·천문)
	29	雲	구름	기타(자연)
	30	文學ノ渡来	문학의 도래	역사(일본고대)
	31	海中ノ花園	바닷속 화원	이과(동물)

	32	長崎 一	나가사키 1	지리(일본)
	33	長崎 二	나가사키 2	지리(일본)
	34	長崎 三	나가사키 3	지리(일본)
	35	書籍	서적	기타(수신)
	36	茶ノ話	차 이야기	이과(식물)
	37	手ノ働	손의 기능	이과(생리)

〈제2권〉

서명	단원	단원명(원제)	단원명(한국어 번역)	제재
高等小學讀本 卷二	1	皇統一系	황통일계	국민
	2	神器國旗	신기와 국기	국민
	3	兵庫神戶	효고와 고베	지리(일본)
	4	火ノ話	불 이야기	이과(물리)
	5	佛法ノ渡来	불법의 도래	역사(일본고대)
	6	猫ノ話	고양이 이야기	이과(동물)
	7	怨ニ報ユルニ德ヲ以テス	원수를 덕으로 갚다	기타(수신)
	8	新潟	니가타	지리(일본)
	9	氷ノ話	얼음 이야기	이과(물리)
	10	藤原氏 一	후지하라 가문 1	역사(일본고대)
	11	藤原氏 二	후지하라 가문 2	역사(일본고대)
	12	虎ノ話	호랑이 이야기	이과(동물)
	13	上毛野形名ノ妻	간즈케누노 가타나의 아내	역사(일본고대)
	14	函館	하코다테	지리(일본)
	15	木綿	목면	이과(식물)
	16	後三條天皇	고산조 천황	역사
	17	狼ノ話	늑대 이야기	이과(동물)
	18	金澤 金沢	가나자와	지리(일본)
	19	砂糖ノ製造	설탕의 제조	실업
	20	根ノ話	뿌리 이야기	이과(식물)
	21	遣唐使	견당사	역사(일본고대)

9) 제재 분류는 가이 유이치로, 「제1기 국정국어교과서 편찬방침의 결정방침에 관한 조사연구」(甲斐雄一郎, 2006), 「第一期国定国語教科書の編集方針の決定過程についての調査研究」의 분류에 따라 지리교재(일본지리, 외국지리), 역사교재(고대, 중세, 근세, 근대), 이과교재(식물, 동물, 광석, 생리, 자연·천문, 물리), 실업교과교재(농업, 상업, 공업, 무역), 국민교과교재(황실, 군사, 제도 등), 기타(수신, 설화, 자연)로 나누어 작성하였다.

	22	山ト河トノ話	산과 강 이야기	기타(수신)
	23	象ノ話 一	코끼리 이야기 1	이과(동물)
	24	象ノ話 二	코끼리 이야기 2	이과(동물)
	25	名古屋	나고야	지리(일본)
	26	植物ノ增殖 增殖	식물의 증식	이과(식물)
	27	恩義ヲ知リタル罪人	은혜와 신의를 아는 죄인	기타(설화)
	28	留學生	유학생	역사(일본고대)
	29	仙臺 仙台	센다이	지리(일본)
	30	葉ノ形狀	잎의 형상	이과(식물)
	31	僧空海ノ傳	승려 구카이 전	역사(일본고대)
	32	ニツノ息 一	두 가지 숨 1	이과(생리)
	33	ニツノ息 ニ	두 가지 숨 2	이과(생리)
	34	奇妙ナ菌	기묘한 버섯	이과(식물)

〈제3권〉

서명	단원	단원명	단원명(한국어 번역)	제재
高等小學讀本 卷三	1	親切ノ返報	친절에 대한 보답	기타(설화)
	2	中世ノ風俗 一	중세의 풍속 1	역사(일본중세)
	3	中世ノ風俗 ニ	중세의 풍속 2	역사(일본중세)
	4	獅子	사자	이과(동물)
	5	植物ノ變化	식물의 변화	이과(식물)
	6	保元平治ノ亂	호겐의 난, 헤이지의 난	역사(일본중세)
	7	古代ノ戰爭 一	고대의 전쟁 1	역사(일본중세)
	8	古代ノ戰爭 ニ	고대의 전쟁 2	역사(일본중세)
	9	太平ノ曲	태평곡	국민
	10	鯨獵	고래잡이	이과(동물)
	11	廣島	히로시마	지리(일본)
	12	鹿谷ノ軍評定	시시가타니의 군 작전회의	역사(일본중세)
	13	空氣	공기	이과(물리)
	14	植物ノ睡眠	식물의 수면	이과(식물)
	15	源賴政兵ヲ起ス	미나모토노 요리마사의 거병	역사(일본중세)
	16	渡邊競ノ話	와다나베 기오의 이야기	역사(일본중세)
	17	水ノ作用	물의 작용	이과(물리)
	18	和歌山	와카야마	지리(일본)
	19	駱駝	낙타	이과(동물)

	20	陶器ノ製法	도기의 제조법	실업
	21	源頼朝ノ傳 一	미나모토노 요리토모 전 1	역사(일본중세)
	22	源頼朝ノ傳 二	미나모토노 요리토모 전 2	역사(일본중세)
	23	頼朝ヲ論ズ	요리토모를 논하다	역사(일본중세)
	24	花ノ形狀	꽃의 형상	이과(식물)
	25	鹿兒島	가고시마	지리(일본)
	26	鳥ノ話	새 이야기	이과(동물)
	27	兵權武門二歸ス	병권이 무가로 가게 되다	역사(일본중세)
	28	鎌倉時代ノ概說 一	가마쿠라시대 개설 1	역사(일본중세)
	29	鎌倉時代ノ概說 二	가마쿠라시대 개설 2	역사(일본중세)
	30	果實ノ話	과실 이야기	이과(식물)
	31	駝鳥	타조	이과(동물)
	32	老農ノ談話	늙은 농부의 말	기타(수신)
	33	小枝	잔가지	기타(수신)
	34	氣管及食道	기관 및 식도	이과(생리)
	35	風船ノ話	기구 이야기	이과(물리)
	36	仲國勅使トシテ小督局ヲ訪フ	나카쿠니가 칙사로서 고고노 쓰보네를 방문하다	역사(일본중세)

〈제4권〉

서명	단원	단원명(원제)	단원명(한국어 번역)	제재
高等小學讀本 卷四	1	狩野元信ノ話	가노 모토노부 이야기	기타(수신)
	2	勉强	공부	기타(수신)
	3	勸學の歌	권학의 노래	기타(수신)
	4	北條泰時ノ傳 一	호조 야스토키 전 1	역사(일본중세)
	5	北條泰時ノ傳 二	호조 야스토키 전 2	역사(일본중세)
	6	氣候ノ話	기후 이야기	이과(지문·천문)
	7	條約國	조약국	지리(세계)
	8	北京	베이징	지리(세계)
	9	鰐魚	악어	이과(동물)
	10	知識ノ話	지식 이야기	기타(수신)
	11	時頼ノ行脚	도키요리의 행각	역사(일본중세)
	12	亞米利加發見 一	아메리카 발견 1	지리(세계)
	13	亞米利加發見 二	아메리카 발견 2	지리(세계)
	14	海狸	비버	이과(동물)

서명	단원	단원명(원제)	단원명(한국어 번역)	제재
	15	寒暖計	온도계	이과(물리)
	16	桑方西斯哥	샌프란시스코	지리(세계)
	17	油ノ種類	기름의 종류	이과(식물)
	18	蒙古來寇	몽골 침입	역사(일본중세)
	19	蒙古來	몽골군이 오다	역사(일본중세)
	20	風ノ原因 一	바람의 원인 1	이과(지문·천문)
	21	風ノ原因 二	바람의 원인 2	이과(지문·천문)
	22	通氣	통기	이과(생리)
	23	漆ノ話	옻 이야기	실업
	24	大塔宮	다이토노미야	역사(일본중세)
	25	節儉	검약	기타(수신)
	26	泳氣鐘	영기종	이과(물리)
	27	楠正成ノ忠戰	구스노키 마사시게의 충전	역사(일본중세)
	28	皇國の民	황국의 백성	국민
	29	紐約克	뉴욕	지리(세계)
	30	北條氏ノ滅亡	호조 가문의 멸망	역사(일본중세)
	31	安東聖秀ノ義氣	안도 쇼슈의 의기	역사(일본중세)
	32	動物ノ天性	동물의 천성	이과(동물)
	33	楠正成ノ遺誡	구스노키 마사시게의 유훈	역사(일본중세)
	34	俊基關東下向	도시모토 간토로 내려가다	역사(일본중세)
	35	佐野天德寺琵琶ヲ聽ク	사노의 덴토쿠지가 비파를 듣다	역사(일본중세)
	36	一塊ノ石	한 덩어리의 돌	이과(광물)

〈제5권〉

서명	단원	단원명(원제)	단원명(한국어 번역)	제재
高等小學讀本 卷五	1	貨幣ノ必要	화폐의 필요	국민
	2	貨幣ヲ論ズ	화폐를 논하다	국민
	3	殊勝ナル小童ノ成長シテ殊勝ナル人ト爲リタル話 一	뛰어난 아이가 성장해서 뛰어난 사람이 된 이야기 1	기타(설화)
	4	殊勝ナル小童ノ成長シテ殊勝ナル人ト爲リタル話 二	뛰어난 아이가 성장해서 뛰어난 사람이 된 이야기 2	기타(설화)
	5	足利時代ノ概說 一	아시카가(무로마치)시대 개론 1	역사(일본중세)
	6	足利時代ノ概說 二	아시카가(무로마치)시대 개론 2	역사(일본중세)
	7	足利時代ノ概說 三	아시카가(무로마치)시대 개론 3	역사(일본중세)
	8	コルクノ話	코르크 이야기	이과(식물)

	9	波士敦	보스턴	지리(세계)
	10	槓杆	지렛대	이과(물리)
	11	苦學ノ結果 一	고학의 결과 1	기타(설화)
	12	苦學ノ結果 二	고학의 결과 2	기타(설화)
	13	潮汐	조석	이과(지문·천문)
	14	蜂房	벌집	이과(동물)
	15	吸子	흡착기	이과(물리)
	16	武人割據	무인 할거	역사(일본중세)
	17	咏史二首	영사(詠史) 2수	역사(일본중세)
	18	費拉特費	필라델피아	지리(세계)
	19	子ヲ奪ハレタル話	아이를 빼앗긴 이야기	기타(설화)
	20	貨幣ノ商品タルベキ價格	상품의 적절한 화폐가격	국민
	21	貨幣鑄造	화폐 주조	국민
	22	武田信玄	다케다 신겐	역사(일본중세)
	23	貧人及富人 一	가난한 사람과 부자 1	기타(수신)
	24	貧人及富人 二	가난한 사람과 부자 2	기타(수신)
	25	日月ノ蝕	일식과 월식	이과(지문·천문)
	26	ポンプ	펌프	이과(물리)
	27	上杉謙信	우에즈기 겐신	역사(일본중세)
	28	咏史二首(頼襄)	영사 2수(라이노보루)	역사(일본중세)
	29	合衆國ノ鑛業	합중국의 광업	지리(세계)
	30	貨幣ハ勤勞ヲ交換スル媒介ナリ	화폐는 근로를 교환하는 매개이다	국민
	31	元素	원소	이과(물리)
	32	毛利元就	모리 모토나리	역사(일본중세)
	33	瓦斯	가스	이과(물리)
	34	時間ヲ守ル可シ	시간을 지켜야 한다	기타(수신)
	35	目ノ話	눈 이야기	이과(생리)

〈제6권〉

서명	단원	단원명(원제)	단원명(한국어 번역)	제재
	1	家僕ノ忠愛	하인의 충정	기타(설화)
	2	洋流	해류	이과(지문·천문)
	3	織田豐臣時代ノ概說 一	오다·도요토미시대 개설 1	역사(일본중세)
	4	織田豐臣時代ノ概說 二	오다·도요토미시대 개설 2	역사(일본중세)

高等小學讀本 卷六

5	織田豐臣時代ノ概說 三	오다·도요토미시대 개설 3	역사(일본중세)
6	資本	자본	국민
7	熱	열	이과(물리)
8	倫敦	런던	지리(세계)
9	豐臣秀吉ノ傳 一	도요토미 히데요시 전 1	역사(일본중세)
10	豐臣秀吉ノ傳 二	도요토미 히데요시 전 2	역사(일본중세)
11	秀吉ヲ論ズ	히데요시를 논하다	역사(일본중세)
12	挐鞋奴	신발 신겨주는 노비	역사(일본중세)
13	蒸氣機關	증기기관	이과(물리)
14	ステブンソンノ傳 一	스티븐슨 전 1	역사(세계사)
15	ステブンソンノ傳 二	스티븐슨 전 2	역사(세계사)
16	價ノ高低	가치의 높고 낮음	국민
17	英吉利ノ商業 一	영국의 상업 1	지리(세계)
18	英吉利ノ商業 二	영국의 상업 2	지리(세계)
19	關原ノ戰 一	세키가하라 전투 1	역사(일본중세)
20	關原ノ戰 二	세키가하라 전투 2	역사(일본중세)
21	巴黎	파리	지리(세계)
22	德川家康ノ傳 一	도쿠가와 이에야스 전 1	역사(일본근세)
23	德川家康ノ傳 二	도쿠가와 이에야스 전 2	역사(일본근세)
24	德川家康ノ行狀	도쿠가와 이에야스의 행적	역사(일본근세)
25	佛蘭西ノ工業	프랑스의 공업	지리(세계)
26	電氣	전기	이과(물리)
27	電光	번갯불	이과(지문·천문)
28	フランクリンノ傳	프랭클린 전	역사(세계사)
29	職業ノ選擇	직업의 선택	국민
30	石田三成ノ傳	이시다 미쓰나리 전	역사(일본중세)
31	伯林	베를린	지리(세계)
32	光線ノ屈折	광선의 굴절	이과(물리)
33	儉約ノ戒	검약의 훈계	기타(수신)
34	林羅山ノ傳	하야시 라잔 전	역사(일본근세)
35	太陽系	태양계	이과(천문)
36	理學上ノ昔話	이학의 옛이야기	이과(물리)
37	日射力及其事業	태양열과 그 사업	이과(지문·천문)

<제7권>

서명	단원	단원명(원제)	단원명(한국어 번역)	제재
高等小學讀本 卷七	1	天然ノ利源	천연 자원의 이로움	국민
	2	德川氏ノ政治 一	도쿠가와 가문의 정치 1	역사(일본근세)
	3	德川氏ノ政治 二	도쿠가와 가문의 정치 2	역사(일본근세)
	4	月ノ話	달 이야기	이과(지문·천문)
	5	耶蘇教ノ禁	예수교의 금지	역사(일본근세)
	6	維也納	빈	지리(세계)
	7	顯微鏡	현미경	이과(물리)
	8	德川光圀ノ傳	도쿠가와 미쓰쿠니 전	역사(일본근세)
	9	恆星ノ話	항성 이야기	이과(천문)
	10	望遠鏡	망원경	이과(물리)
	11	熊澤蕃山ノ傳	구마자와 반잔 전	역사(일본근세)
	12	羅馬 一	로마 1	지리(세계)
	13	羅馬 二	로마 2	지리(세계)
	14	德川時代ノ風俗 一	도쿠가와시대의 풍속 1	역사(일본근세)
	15	德川時代ノ風俗 二	도쿠가와시대의 풍속 2	역사(일본근세)
	16	新井白石ノ傳	아라이 하쿠세키 전	역사(일본근세)
	17	洋學興隆	양학의 융성	역사(일본근세)
	18	聖彼得堡 一	페테르부르크 1	지리(세계)
	19	聖彼得堡 二	페테르부르크 2	지리(세계)
	20	流星ノ話	유성 이야기	이과(지문·천문)
	21	萬物ノ元素	만물의 원소	이과(물리)
	22	世界ノ周航 一	세계 항해 1	지리(세계)
	23	世界ノ周航 二	세계 항해 2	지리(세계)
	24	外國交通 一	외국과의 교역 1	역사(일본근세)
	25	外國交通 二	외국과의 교역 2	역사(일본근세)
	26	伊能忠敬ノ傳 一	이노 다다타카 전 1	역사(일본근세)
	27	伊能忠敬ノ傳 二	이노 다다타카 전 2	역사(일본근세)
	28	世界ノ周航續 一	세계 항해 속편 1	지리(세계)
	29	世界ノ周航續 二	세계 항해 속편 2	지리(세계)
	30	佐藤信淵ノ傳	사토 노비히로 전	역사(일본근세)
	31	貧困ノ原因	빈곤의 원인	기타(수신)
	32	彗星ノ話	혜성 이야기	이과(지문·천문)
	33	明治時代文武ノ隆盛	메이지시대 문무의 융성	역사(일본근대)

34	酒ヲ節スベシ	술을 절제해야 한다	이과(생리)
35	近世ノ文明 一	근세의 문명 1	역사(일본근대)
36	近世ノ文明 二	근세의 문명 2	역사(일본근대)

『고등소학독본』의 편집 방침은 크게 두 가지로 나눌 수 있다. 첫 번째는 '순차적인 학습'이며, 두 번째로는 '국가주의'적 교육방침이다. 『고등소학독본』의 편집책임자인 이사와 슈지伊沢修二[10]는 문부성의 교과서 편집국장으로 자신의 교육 철학을 담은 책 여러 권을 출간하기도 하였는데, 1875년에 발간된 『교수진법教授真法』[11] 제3장 '학과의 순서'에서 순차적인 학습을 강조하며 "교사인 자는 먼저 유생幼生의 교육에 자연의 순서가 있다는 것을 아는 것이 중요하다. 만일 그 순서를 잘못하여 해가 생길 때에는 그에 대한 책망을 받아야 할 것이다."[12]라고 언급하고 있다. 『고등소학독본』 서문에도 "이 책을 학습하는 아동은 지식이 점차 발달하게 되므로 그 제재도 이에 따라 고상高尚한 사항을 선택해야만 한다. 또한 언어, 문장을 가르치는 목적은 제반 학술, 공예의 단서를 찾는 데 있으며, 그 제재가 점차 복잡해지는 것은 자연스런 순서이다. 고로 이 책 안에는 수신, 지리, 역사, 이과 및 농공상의 상식에 필요한 사항 등을 그 주제의 난이도에 따라 번갈아 제시하였다."라고 되어 있

10) 1851~1917년. 일본의 교육자. 문부성에 출사한 뒤 1875년 미국으로 유학을 가 음악, 이화학, 지질연구 등 다양한 학문을 공부하였다. 모리 아리노리가 문부대신이 된 이후에는 교과서 편찬에 몰두하여 국가주의적 교육의 실시를 주장하는 한편 진화론을 일본에 소개하는 등 다방면에서 활약하였다. 또한 타이완에서 일본어 교재를 출판하는 등 식민지 언어교육에도 관여하였다. 대표 저서로는 『學校管理法』(白梅書屋, 1882), 『教育學』(丸善商社, 1883) 등이 있다.

11) 1875년에 David Perkins Page의 저작을 편역해 출간된 것으로, 제3장 '학과의 순서'는 제1절 실물과, 제2절 독법, 제3절 미술, 제4절 지리학, 제5절 역사학, 제6절 습자, 제7절 작문, 제8절 생리학으로 구성되어 있고 교수요령 뒤에 질문과 답을 제시해 실제 교육현장에 적용할 수 있도록 배려한 선구적인 교육서라고 할 수 있다.

12) 太闢·百爾金士·白日(ダビッド·ペルキンス·ページ) 저, 伊沢修二 편역(1875), 『教授真法』 巻之1, 25쪽.

다. 실제로 〈표 2〉에서 알 수 있듯이 권3 이후에는 『겐페이세이스이키源平盛衰記』,[13] 『슨다이자쓰와駿台雑話』,[14] 『다이헤이키太平記』[15] 등의 고전을 제재로 한 단원을 싣는 등 난이도가 높아지고 있다.

이사와 슈지는 『고등소학독본』을 출간한 뒤 국민교육사國民教育社[16]를 설립하여 사장에 취임하고 '국가주의'적인 교육방침을 전면에 내세워 '교육칙어'의 보급과 수신교과서의 편찬에도 앞장섰다. 이러한 그의 교육사상은 이미 『고등소학독본』에 잘 드러난다고 할 수 있다.

> 만세일계(萬世一系)의 천황(天子)이 이를 잘 다스리셔 2천 년 넘게 이어져 오는 나라는 우리나라밖에 없다. 우리들은 이러한 나라에 태어났으며 더구나 오늘날 만국과 부강을 견줄 시기가 도래했다. 따라서 이 제국의 신민인 우리들이 소임을 다하기 위해서는 오로지 힘을 다해 학문을 해야 한다.[17]

위의 인용문은 『고등소학독본』의 제1권 제1과 '우리나라吾國'에 서술된 내용으로 역성혁명 없이 2천 년간 지속된 일본 역사의 존귀함을 역설하며 천황의 은혜 속에 신민의 의무를 다해야 하는 시기임을 주장하고 있다. 편집자가 서문에서 "아동으로 하여금 황실을 존경하

---

13) 가마쿠라시대에 만들어졌으며, 1161년부터 1183년까지 20여 년간의 미나모토 가문(源氏), 다이라 가문(平家)의 성쇠흥망을 백 수십 항목, 48권에 걸쳐 자세히 다룬 전쟁에 관한 이야기(軍記物語)이다.

14) 에도시대 중기의 수필집 5권. 1732년 성립되었으며 제자들과 무사도를 고취하기 위해 나눈 이야기를 수록한 것이다.

15) 작자와 성립시기 미상. 남북조시대의 전쟁에 관한 이야기(軍記物語)로 전 40권으로 이루어졌다.

16) 1890년 5월에 설립한 단체로 '충군애국의 원기를 양성, 알리기 위한 것'(국가교육사요령 1항)을 목적으로 했다. (山本和行, 「台湾総督府學務部の人的構成について--国家教育社との関係に着目して」, 『京都大學大學院教育學研究科紀要』 54, 2008 참조)

17) 『高等小學讀本』 巻1, 1~2쪽.

고 국가를 사랑하는 지기志氣를 함양하도록 하는 것을 주된 목적"18) 이라고 밝히고 있듯이 『고등소학독본』은 황실중심의 국가관이 충분히 반영된 교과서라고 할 수 있을 것이다.

『고등소학독본』의 내용은 〈표 2〉에서 보듯이 그 제재를 국민, 역사, 이과, 지리, 기타로 나누어 다루었으며, 그중 역사는 일본고대, 일본중세, 일본근세, 일본근대와 같이 시대별로, 이과는 식물, 동물, 광물, 물리, 자연, 천문으로, 지리는 일본지리와 세계지리로, 기타는 수신, 언어, 설화, 가정, 서간, 잡류로 세분화할 수 있다. 본서의 서언에 각 제재와 교육 목표에 대해 자세히 언급하고 있다. 즉, '국민'을 제재로 한 과에서는 "제조 기술, 경제 원리 등은 아동이 훗날 상공인이 되었을 때 알아야 할 사항"을 다루고 있으며, 그 내용은 "군郡, 시市, 부府, 현縣, 경찰, 중앙정부의 조직부터 법률의 대략적인 것에 이르기까지의 사항은 우리나라 사람이 일반적으로 알아야 할 것이므로, 아동의 지식, 발달의 정도를 참작하여 이를 기술함으로써 훗날 국가에 대해 다해야 할 본분을 알게 되기를 기대한다."고 서술하고 있다. '역사'를 제재로 한 과에서는 "이 나라 고금의 저명한 사적에 대해 기술함으로써 아동으로 하여금 황실을 존경하고 국가를 사랑하는 지기志氣를 함양"을 목적으로 하고 있으며, '지리'를 제재로 한 과에서는 "이 나라의 유명한 도부都府, 경승지 등의 기사를 비롯하여, 우리나라와 친밀한 관계에 있는 중국, 구미 여러 나라의 대도시들의 정황을 간략하게 설명"하고 있다. 이어서 '이과'를 제재로 한 과에서는 "초목草木, 조수鳥獸 등의 특성 및 인간의 삶에 필요한 것이므로, 물리, 화학의 개요를 해설"하며, "오늘날에 있어 필요한 모든 힘, 모든 기계가 발명된 전말, 발명자의

---

18) 『高等小學讀本』 巻1, 「緖言」, 3쪽.

전기傳記 등을 기술하여 아동이 분발하고자 하는 마음을 일으키도록 힘썼다."라고 밝히고 있다. '수신'을 제재로 한 과에서는 "소설, 비유, 속담, 전기傳記, 시가 등을 사용해 아동의 즐거운 마음을 환기시키고, 소리 내어 읽을 때 자연스럽게 지혜와 용기의 기운을 양성하며 순종, 우애의 정을 저절로 느끼게 함으로써 아동으로 하여금 그 자신을 사랑하고 중시하여 그 뜻이 높고 훌륭해 지기를 바란다."라고 밝히고 있다. 각 권의 2~3단원은 한시나 운문을 다루고 있는데 교훈적이며 애국과 관련된 것이 많다. 이렇듯 『고등소학독본』은 일본 국민이자 동시에 근대 세계 시민으로서 갖추어야 할 소양에 대한 기본 지식과 덕목을 종합적으로 다룬 내용 중심의 종합 독본인 것이다.

특히, 한국에서 최초의 근대적 국어교과서로 평가받는 『국민소학독본』의 저본이 바로 『고등소학독본』이었다는 점은 국어학적, 교육학적, 역사학적 관점에서 간과할 수 없는 일이다. 1895년에 7월에 학부 편집국에서 편찬, 간행한 개화기 국어교과서 『국민소학독본』은 우리나라 최초의 관찬官撰 대민 계몽 교과서이다. 일본의 『고등소학독본』을 참고하여 편찬하였지만, 국권 상실의 위기에서 국권수호를 위한 애국적 인재양성의 교육취지가 적극 반영되었으며, 조선정부가 서구의 근대문명을 국민교육지침으로 삼아 '부국강병' 및 '실용적 교육'을 위해 교재로 편찬하였던 것이다. 『국민소학독본』의 문체는 국한문 혼용체로서 총 72장 144면, 한 면은 10행, 1행은 20자로 구성되어 있으며, 형식은 장문형이고 띄어쓰기와 구두점이 없다. 일본의 『고등소학독본』과의 유사성을 비교하기 위해 총 41개과의 목차를 다음에 싣는다.

1. 大朝鮮國(대조선국)	2. 廣智識(지식 넓히기)
3. 漢陽(한양)	4. 我家(우리집)
5. 世宗大王紀事(세종대왕기사)	6. 商事及交易(상사 및 교역)
7. 植物變化(식물변화)	8. 書籍(서적)
9. 以德報怨(이덕보원, 덕으로 원망을 갚다)	10. 時計(시계)
11. 駱駝(낙타)	12. 條約國(조약국)
13. 智識一話(지식일화)	14. 倫敦 一(런던 1)
15. 倫敦 二(런던 2)	16. 風(바람)
17. 勤學(근학)	18. 蜂房(벌집)
19. 支那國 一(중국 1)	20. 錢(돈)
21. 紐約(뉴욕)	22. 乙支文德(을지문덕)
23. 鯨獵(고래사냥)	24. 老農夕話(늙은 농부이야기)
25. 時間恪守(시간엄수)	26. 支那國 二(중국 2)
27. 까휠드 一(가필드 1)	28. 까가휠드 二(가필드 2)
29. 氣息 一(기식 1)	30. 氣息 二(기식 2)
31. 西米利加發見 一(아메리카 발견 1)	32. 西米利加發見 二(아메리카 발견 2)
33. 西米利加獨立 一(아메리카 독립 1)	34. 西米利加獨立 二(아메리카 독립 2)
35. 西米利加獨立 三(아메리카 독립 3)	36. 鰐魚(악어)
37. 動物天性(동물의 천성)	38. 合衆國鑛業(합중국의 광업)
39. 元素(원소)	40. 成吉思汗 一(징기스칸 1)
41. 成吉思汗 二(징기스칸 2)	

저본인 일본 『고등소학독본』의 구성과 내용이 거의 흡사하지만, 한국의 처지와 실정에 맞게 단원을 선별하거나 변경하는 등 취사선택을 하였으며, 내용 구성은 필요한 내용을 발췌하거나 요약, 혹은 변경, 새롭게 집필하기도 하였다. 서구의 선진화된 생활과 문물, 도시에 대해 소개하고 과학적인 내용을 다룸으로써 근대화의 필요성에 대한 인식을 국민에게 심어주고자 했다. 특히 미국 관련 단원을 많이 둔 것은 미국처럼 자주부강한 나라를 만들자는 취지로 보인다.[19] 또한, 낙타나 악어 등과 같이 한국에서는 접할 수 없는 동물에 대해 소개하여 학생들의 지적 호기심을 자극하고 동시에 넓

19) 학부대신 박정양의 미국견문록 『미속습유(美俗拾遺)』과 밀접한 관련성이 보인다.

은 세계를 인식할 수 있도록 했으며, 징기스칸과 같은 인물의 소개를 통해 진취적인 정신을 함양하고자 했다. 또한 세종대왕, 을지문덕과 같은 한국의 대표적인 위인의 소개를 통해 민족의식을 고양시키고자 노력을 했다. 다시 말해 『국민소학독본』은 전근대에서 근대로 넘어가는 전환기에 편찬된 교과서로 근대화를 하여 대한제국의 주권을 지키고 체계적인 국민 교육을 위한 시도였다는 점에서 그 역사적 의의가 무척 크다고 할 수 있다.

이 책은 1888년에 발행된 『고등소학독본高等小學讀本』(전7권) 중 문부성 총무국 도서과 소장판 저본으로 번역 작업을 해, 영인과 함께 출간하였다. 이는 교육학, 국어학, 일본어학, 역사학 등 각 분야 연구자의 연구 편의를 제공하여 근대 개화기 교육 및 역사, 교육의 실상을 밝히는 데 도움을 주고자 함이다. 즉, 이를 토대로 이 두 교과서의 교과 내용의 편성 관점, 그리고 지리, 역사, 이과, 인물 등과 관련된 제재는 두 교과의 교과 내용과 어떠한 관계가 있으며, 그것이 『국민소학독본』에서는 어떠한 차이로 나타나고, 어떻게 변화했는가 등 근대 한일 교과서에 나타난 교육이념과 사상, 역사관, 세계관, 근대화에 대한 인식에 대해 종합적이고 다각적인 검토를 가능하게 할 것이며, 나아가 근대 한일 양국 간의 관계를 재조명하는데 일조할 수 있으리라 믿는다.

역자 성윤아·권희주·이현진

차례

서문

1. 이 책은 본국本局[1])에서 편찬한 심상소학독본에 이어 고등소학과 1학년 초부터 4학년 말까지의 아동들에게 독서를 가르칠 용도로 제공하기 위해 편찬한 것으로 모두 8권[2])으로 이루어져 있다.
1. 이 책을 학습하는 아동은 지식이 점차 발달하게 되므로 그 제재도 이에 따라 고상高尙[3])한 사항을 선택해야만 한다. 또한 언어, 문장을 가르치는 목적은 제반 학술, 공예의 단서를 찾는 데 있으며, 그 제재가 점차 복잡해지는 것은 자연스런 순서이다. 고로 이 책 안에는 수신, 지리, 역사, 이과 및 농공상의 상식에 필요한 사항 등을 그 주제의 난이도에 따라 번갈아 제시하였다.
1. 이 책에 기술된 수신 관련 사항은 현철賢哲[4])의 격언, 교지敎旨와 같이 직접 명령이나 금계禁戒[5])하는 문체를 피하고 오로지 소설, 비유, 속담, 전기傳記, 시가 등을 사용해 아동의 즐거운 마음을 환기시키고, 소리 내어 읽을 때 자연스럽게 지혜와 용기의 기운을

1) 문부성 편집국을 칭한다.
2) 8권으로 기획되었으나 교육방침의 변경에 따라 7권까지만 편찬되었다.
3) 정도가 높고 알기 어려움을 뜻한다.
4) 성품이 어질고 사물의 이치나 도리에 밝은 사람을 가리킨다.
5) 어떤 일이나 행동 따위를 하지 못하도록 경계하는 것을 말한다.

양성하며 순종, 우애의 정을 저절로 느끼게 함으로써 아동으로 하여금 그 자신을 사랑하고 중시하며 그 뜻이 높고 훌륭해지기를 바란다.

1. 지리는 이 나라의 유명한 도부都府, 경승지 등의 기사를 비롯하여, 우리나라와 친밀한 관계에 있는 중국, 구미 여러 나라의 대도시들의 정황을 간략하게 설명하였다. 이것은 지리서의 부족한 부분을 부연하려는 취지로 게재한 것이다. 또한 역사는 이 나라 고금의 저명한 사적에 대해 기술함으로써 아동으로 하여금 황실을 존경하고 국가를 사랑하는 지기志氣[6]를 함양하도록 하는 것을 주된 목적으로 한다.

1. 이과의 사항은 초목草木, 조수鳥獸 등의 특성 및 인간의 삶에 필요한 것이므로, 물리, 화학의 개요를 해설한다. 또한 오늘날에 있어 필요한 모든 힘, 모든 기계가 발명된 전말, 발명자의 전기傳記 등을 기술하여 아동이 분발하고자 하는 마음을 일으키도록 힘썼다. 또한 이과의 사항 중 아동이 이해하기 어려운 것은 이를 대화체로 나타냈으며, 권말에 덧붙여 기술하였다. 이는 아동의 이해를 용이하게 할 뿐 아니라, 더불어 변론술도 기르도록 하기 위함이다.

1. 제조 기술, 경제 원리 등은 아동이 훗날 상공인이 되었을 때 알아야 할 사항이므로 특히 주의를 기울여 이를 기술하였다. 또한 군郡, 시市, 부府, 현縣, 경찰, 중앙정부의 조직부터 대략적인 법률에 이르기까지의 사항은 우리나라 사람이 일반적으로 알아야 할 것이므로, 아동의 지식, 발달의 정도를 참작하여 이를 기술함으로써 훗날 국가에 대해 다해야 할 본분을 알게 되기를 기대한다.

---

6) 어떤 일을 이루려는 의지와 기개를 아울러 이르는 말.

1. 선인先人의 문장을 그대로 제시한 데에는 두 가지 의도가 있다. 하나는 규범으로 삼기에 충분한 문장을 선정하였고, 또 하나는 그 사실이 참고가 될 만한 것을 선정하였다.
1. 이 책에서는 문장을 화려하고 아름다우며 세련되게 하기 보다는 오히려 그 기술할 사항의 가치를 중시하여, 그 문체는 가급적 간단명료히 해 쉽게 이해할 수 있도록 하는 데에 주안을 두었다. 또한 문자가 새롭고 익숙지 않아 배우기 어려운 것은 그 과의 말미에 선별해 적고 이에 주해를 덧붙였으며, 또한 지명, 인명의 읽기 어려운 것은 옆에 훈을 달고, 원어발음原語을 그대로 기입한 곳에는 그 밑에 원어原字를 삽입하여 대조의 편의를 도모했다.
1. 이 책은 본국이 편찬하고, 본성本省[7]에 특설한 심사위원의 심사를 받아 문부대신의 재정裁定을 거쳐 완성된 것이다.

1887(明治 20)년 10월 문부성편집국

7) 문부성을 칭한다.

高等小學讀本 一

제1과 우리나라

우리 대일본은 아시아주亞世亞州의 한 제국으로 그 형태가 동북에서 서남쪽으로 뻗어 있는 가늘고 긴 섬나라이므로 기후도 지역에 따라 다르지만 대체로 온화하고 그 토지는 비옥하며 산물도 풍부하다.

세계 만국 중 독립국이라 할 수 있는 나라는 많다. 그러나 만세일계萬世一系의 천황天子이 이를 잘 다스리셔 2천 년 넘게 이어져 오는 나라는 우리나라밖에 없다. 우리들은 이러한 나라에 태어났으며 더구나 오늘날 만국과 부강을 견줄 시기가 도래했다. 따라서 제국의 신민인 우리들이 소임을 다하기 위해서는 오로지 학문을 닦는데 온 힘을 다해야 한다.

학문이란 단지 독서, 습자, 산술 등의 과업을 수행하는 것만을 말하는 것이 아니다. 늘 교사, 부모, 그리고 손윗사람의 가르침에 따라 언행을 바르게 하는 것이 무엇보다 중요하다.

하나,

황국의 사람이라면 어떠한 일에건 힘써야 한다.

오로지 가질 수 있는 성심을 나라님과 부모에게 다 할 수 있을 때까지.

(니이로 무사시노카미 글)[1)]

둘,

황국의 남자들은 휘지 않고 부러지지 않는 마음을 가져라.

평생 생업에 종사하여 나라와 백성을 풍요롭게 해야 한다.

1) 新納武藏守(1562~1610년), 전국시대부터 에도(江戸) 초기에 활약한 무장.

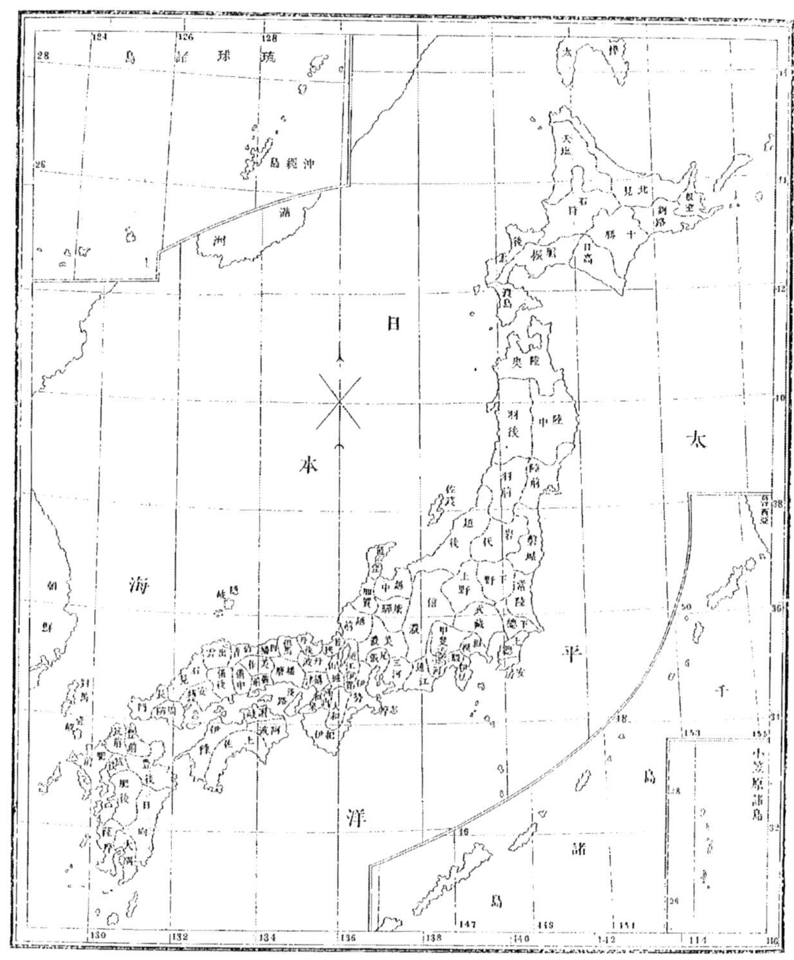

대일본국지도(1/10,368,000)

제2과 지식을 얻는 방법

사람들이 각자 스스로 분발하여 농업, 공업, 상업에 잘 종사하려면 지식에 크게 의존해야 한다. 지식을 얻기 위해서는 단지 책을 읽는 것만으로는 부족하다. 반드시 사물을 정밀하게 관찰한 후 지식의 문으로 들어가야만 한다.

사물을 정밀하게 관찰하기 위해서는 보는 힘을 기르는 것이 가장 중요하다. 보는 힘을 기르기 위해서는 어떠한 사물에 대해서도 늘 눈을 뜨고 그 능력을 사용할 수 있도록 주의를 기울여야 한다. 만약 주의를 기울이지 않는다면 눈을 뜨고 있어도 마치 눈 뜬 봉사와 같으니 지식은 쉽게 얻기 어려운 것임을 알아야 할 것이다.

그러하니 보는 능력을 잘 사용하는 사람은 산천과 들에서 뛰어놀며 꽃을 보고 새를 보고 짐승을 보아도 그 형상이나 성질 등에 주의를 기울이니 보는 것만으로 그 마음이 즐겁지 않을 수가 없다. 사물을 정밀하게 관찰하는 것은 그 사람의 지식을 늘릴 뿐만 아니라 그 즐거움의 장소를 넓히는 것이라 할 수 있다.

여기에 어떤 야만인이 보는 힘을 잘 사용한 일화가 있다. 그 야만인은 어느 날 자신이 창고에 걸어 둔 고기를 도둑맞았는데 그 주변을 잘 관찰한 뒤에 이를 도둑질한 자를 잡으려 바로 숲 속으로 달려갔다. 숲 속에서 두세 명의 사냥꾼을 만나게 되었는데 그 사람들을 향해 "당신들은 키 작은 노인을 만났습니까? 나는 그 사람을 보지는 못했지만 그 사람은 작고 꼬리가 짧은 작은 개를 데리고 있었을 것입니다."라고 말했다. 사냥꾼은 이를 듣더니 "그 사람을 보았소? 그런데 당신은 어떻게 전혀 보지도 않은 사람에 대해 그리도 자세히 알 수 있소?"라고 물었다. 야만인이 말하길 "그 사람의 키가 작다고 말한 것은 매달아 놓은 짐승 고기를 잡기 위해 돌로 발받침을 만들었기 때문이요. 또한 그 노인이라고 한 것은 모래 위에 남은 발자국 간의 거리가 대단히 가까웠기 때문이요. 그리고 작고 꼬리가 짧은 개를 데리고 있다고 한 것은 그 노인이 모래 위에 앉아 짐승고기를 먹는데 그 옆에 개가 앉은 흔적을 보고 판단한 것이요."라고 말했다. 사냥꾼들은 이를 듣고 그 정밀한 관찰력에 대단히 놀랐다고 한다. 이 야만인은 한 글자*도 모르는 사람이지만 그 진정한 지식을 얻는 방법은 잘 알고 있었다고 해야 할 것이다.

* 한 글자(一丁字): 극히 쉬운 글자.[1)]

1) 원래는 한 글자라는 뜻이다. '目に一丁字なし'라고 하여 일자무식이라는 뜻으로 사용된다.

제3과 아기 사슴 이야기

어느 날 한 마리의 아기 사슴이 어린잎을 먹다 싫증이 나 수풀 밖에 엎드려 있었다. 때는 봄날이라 꽃은 사방에 흐드러지게 피어 웃는 듯하고 새 우는 소리도 유난히 즐겁게 들렸다. 아기 사슴은 무엇에 놀랐는지 갑자기 폴짝 뛰어 올랐다. 새가 노래하는 소리에 놀란 것인지. 꽃이 흐드러지게 핀 것을 보고 놀란 것인지. 그 자취를 냄새 맡고 따라오는 개 짖는 소리를 아마도 들었던 것 같다. 바로 뛰어 풀숲으로 들어왔는데 어찌나 빠른지 자못 하늘로 날아오르는 새와 같았다.

아기 사슴은 수목이 더욱 우거진 깊은 숲 속에 숨어들었지만 세 마리의 검은 개가 그 흔적을 쫓아와 당장에라도 아기 사슴에게 덤벼들 것 같았다. 그때 14~15살 정도 되는 기타로喜太郎라는 아이는 숲 바깥에서 장작을 패고 있었는데 문득 숲 쪽을 쳐다보니 아기사슴 한 마리가 자신을 향해 달려오고 있었다. 그리고 바로 세 마리의 검은 개가 연이어 숲 속에서 달려 나왔다. 기타로는 이를 보고 즉시 옆에 있는 작은 돌을 집어 들어 섬은 개에게 던졌고, 검은 개는 이를 무서워하며 뒤도 돌아보지 않고 도망을 쳤다. 이때 아기 사슴은 기타로 옆에 서 목을 길게 늘어뜨리고는 충혈된 눈으로 먼 곳과 가까운

곳을 번갈아 쳐다보며 개가 어디로 갔는지를 확인하려 했다.

기타로는 아기 사슴 옆으로 다가가 그 머리를 쓰다듬었고 아기 사슴은 이를 뿌리치지 않았다. 사슴은 '이 기타로는 나의 적이 아니고 은인이다. 이 사람의 도움이 없었더라면 나는 개에게 죽임을 당할 뻔했다.'라는 사실을 알게 되었기 때문이다. 기타로는 손에 물을 담아와 사슴에게 먹이고 음식도 주었으며 아기 사슴은 이를 조금도 무서워하는 기색이 없었다. 아기 사슴은 그 친절함을 느꼈는지 하루 종일 기타로의 곁을 떠나지 않고 있다 그 다음날 아침에 조용히 숲 속으로 돌아갔다.

어떤 사람이 이 이야기를 듣고 기타로에게 "너는 어째서 그 아기 사슴을 잡지 않았느냐?"고 물었더니 기타로는 힘주어 말하길 "짐승이라고는 하지만 나에게 도움을 청할 때에는 이를 구해야 하는 것이 사람의 도리입니다. 그 아기 사슴은 그 가여운 모습으로 나에게 도움을 청했습니다. 저는 그러므로 이를 해할 수가 없었습니다."라고 말했다.

소년 아기 사슴을 구하다

제4과 도회

여기에 있는 학생들 중에는 무라村[1]에서 태어난 사람도 있고 또 마치町[2]에서 태어난 사람도 있을 것이다. 그렇지만 무라와 마치에는 어떤 구별이 있다. 너희들은 모두 그 구별을 할 줄 아느냐.

무라는 농업에 종사하는 사람이 많이 사는 곳으로, 가구 수도 적으며 또한 곳곳에 산재되어 있다. 마치는 사람이 많고 함께 모여 살며 상업, 공업에 종사하여 부자도 적지 않은데 그 가구 수도 적게는 2~300호에서부터 많게는 1만 호 이상, 혹은 10만 호 이상이 되는 곳도 있다. 그중에 큰 것을 모두 도회都會라 한다. 그 인구는 원래 가구 수에 따라 많고 적음을 추측해 알 수 있는 것이다.

도쿄東京, 오사카大坂, 교토京都는 가장 번성한 도회라서 전국의 도부都府라 칭하고 이를 3부라 칭해 왔다. 그중에서도 도쿄는 천황폐하가 계시는 곳, 정부가 소재하는 곳으로 전국의 정사政事는 모두 이곳에서 시작된다. 따라서 이를 수도라 칭하며 상업, 제조업 또한 번성하다. 그리고 예부터 오사카는 오로지 상업으로, 교토는 제조

1) 우리나라의 면단위의 해당되는 일본의 행정구역.
2) 우리나라의 읍단위에 해당되는 일본의 행정구역.

업으로 그 명성이 높다.

3부에 이어 요코하마橫濱, 고베神戶, 나가사키長崎, 니가타新潟, 하코다테函館가 있는데, 이를 우리나라의 5대 항구라 부르고 국내외 관련 상업 거래가 가장 활발하다. 그 외에 가구 수 3~4만 호 전후의 도회가 많은데, 우리나라에서 상업과 제조가 모두 제법 번성한 곳이다.

제5과 도쿄

도쿄東京는 우리나라의 수도이다. 옛날에는 에도江戶라 칭했으며 대대로 도쿠가와德川 가문이 거주하는 성이 있었다. 저택, 상점이 즐비하게 늘어서 260여 년 동안 번성했다. 메이지유신明治維新에 이르러 이름을 고쳐 도쿄라 하고 황거皇居가 이곳으로 정해졌는데 그 번화함은 옛날에 비할 바가 아니다.

도쿄의 지세는 동쪽은 평지이고 서쪽은 구릉이다. 동남쪽에는 에도만江戶灣이 있으며 동북쪽에는 스미다가와墨田川가 있다. 중앙에 황거가 있는데 이는 예전의 에도성江戶城이다. 그 주위에는 몇 겹의 해자가 있고, 내곽*과 외곽*으로 나뉜다. 모든 관청은 대부분 내곽에 있다. 도쿄부東京府의 넓이는 동서 3리里(11.76km), 남북 4리里(15.68km)이다. 이를 15구區로 나눈다.

스미다가와는 오가와大川라고도 한다. 도쿄부의 동쪽을 흘러 에도만으로 흘러들어간다. 여기에 5개 다리를 건설하여 혼쇼本所, 후카가와深川와 연결하였다. 이 강은 도쿄부 안에서 배수용 하천과 통해 있어 해운업을 하는 데 대단히 편리하다.

도쿄부에서는 니혼바시구日本橋區, 교바시구京橋區, 간다구神田區가 번화한 시가지이다. 가로 세로로 배수용 하천을 파 이에 수백 개의

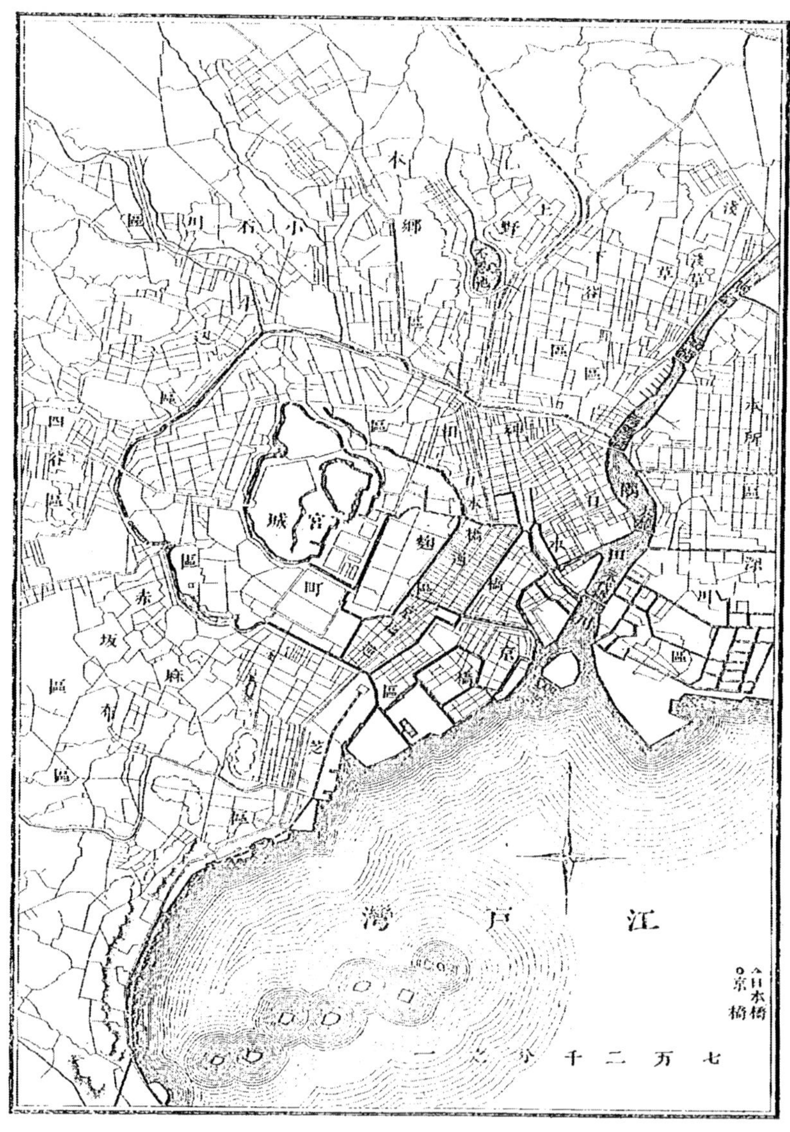
小石川區
本郷區
上野
下谷區
淺草區
四谷區
宮城
麴町區
神田區
日本橋區
京橋區
赤坂區
麻布區
芝區
本所區
深川區
江戶灣
七万二千分之一

도쿄(1/72,000)

다리를 가설했다. 교바시京橋, 신바시新橋 사이는 도로 폭이 무척 넓고 그 양쪽에 나무가 심어져 있으며 상점은 모두 벽돌로 건축되었다. 또한 니혼바시구에 있는 니혼바시日本橋는 전국 이정표의 기점이다.

도쿄부의 제조소는 나날이 번성해 그 수가 몇 백 개에 이르는지 알지 못할 정도이다. 그중에는 포병본창砲兵本廠, 아카바네赤羽 제작소, 인쇄국, 센주千住의 모직 제조소, 오지王子의 종이 제작소, 이시카와지마石川島 선박 제작소, 시나가와品川 유리 제조소 등이 대표적인 곳이다. 도쿄부의 공원은 후키아게吹上의 황실정원, 아오야마리큐青山離宮, 하마리큐浜離宮, 고라쿠엔後楽園이 있으며 매우 한적한 곳이다. 우에노上野 공원은 도쿄부의 공원 중 으뜸이며 오래된 수목이

교바시

숲을 이루어 시노바즈이케不忍池에 면해 있고 그 유유자적함이 가히 사랑스럽다. 그래서 벚꽃이 피는 시기에는 모든 산이 온통 꽃으로 뒤덮이고 상춘객이 붐비는 모양이 실을 짜놓은 듯하다. 그 외에도 아사쿠사浅草, 무코우지마向島, 아스카야마飛鳥山 또한 사시사철 좋은 관광 장소이다. 본디 이 도쿄부는 제국 정부가 있는 곳, 학예, 상공, 모든 사업이 갖추어져 있는 곳으로 각지의 산물이 모이는 중심지기 때문에 학예, 상공이 날이 가고 달이 갈수록 그 기운이 더욱 융성해지고 있다. 학예를 연구하기 위해 제국대학, 고등사범학교, 고등중학교, 고등상업학교, 직공학교, 고등여학교, 미술학교, 음악학교, 박물관, 서적관, 육해군성陸海軍省의 모든 학교, 농림학교, 기타 사립고등학교 등이 있어 취학하는 학생이 대단히 많다. 통신과 교통의 편의 도모를 위해 중앙전신국, 우편국 및 기차기선 등이 있으며, 내외의 왕래가 날로 증가하고 있다. 인구도 근래 크게 증가하여 이미 100만 명을 넘었으며, 여행객까지 모두 합산하면 120~130만 명에 달할 것이다. 융성의 기세는 꺾일 줄 모른다.

* 내곽(內郭)
* 외곽(外郭)

제6과 오빠의 친절

어떤 집에 오하쓰オ初라고 하는 딸이 있었는데 병약해 늘 집에만 틀어박혀 우울한 나날을 보내고 있었다. 오빠인 데루와카照若는 신체가 건강하고 활발하여 자신의 몸을 돌아보지 않고 동생을 지극히 잘 보살폈다. 데루와카는 매일 학교에 가는 것을 좋아했고 학교에서 돌아오면 배운 것을 여동생에게 가르쳐 주며 그것을 즐거움으로 삼았다. 오늘은 일요일이기 때문에 아침부터 동생 방에서 놀아주고 있었다.

잎의 그림

데루와카는 동생을 향해 "오하쓰, 나는 지금 너에게 식물에 대해 가르쳐 주려 한단다. 이 한 장의 잎사귀 한쪽에 자루모양의 꼭지가 있는데 마치 부채 자루와 같지. 이를 잎자루라고 한단다." 동생은 "오빠, 그 잎자루 부분에 두 장의 어린 잎사귀가 달려 있어. 그것은 뭐라고 불러?"라고 물었더니, 오빠는 "너는 그것을 참 잘 봤구나. 이 두 장의 작은 잎은 떡잎이라고 하는 거야."라고 가르쳐 주었다.

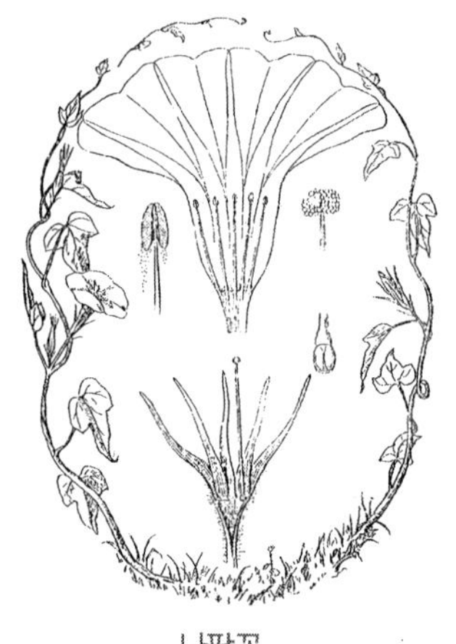
나팔꽃

데루카는 또 정원에 나가 나팔꽃을 따가지고 와 이를 동생에게 보이며 "이 아름다운 컵cup과 같은 부분을 화관花冠이라 부른단다. 보통 식물에서 꽃은 모자처럼 생겨 이런 이름이 붙었지. 이 화관 아래에 작은 녹색 부분이 보이지. 그렇지만 그 형태가 잎과는 달라. 그리고 이 화관을 떼어버리고 난 녹색 부분은 무엇과 닮은 것 같니? 너도 이것이 잔의 형태와 비슷하다는 생각이 들 거야. 이를 꽃받침이라고 부른단다."라고 말했다.

"그리고 또 화관 안에 가는 기둥 5개가 있지? 이것을 봐. 이 끝에는 각각 작은 입자의 가루가 묻어 있단다. 이 가루가 있는 기둥을 수술雄蕊*이라 하고 그 가루를 화분花粉이라 하지. 수술의 안쪽에는 꽃가루가 묻어 있지 않은 또 다른 기둥이 있어. 이 가는 기둥은 꽃 안에서 가장 중요한 곳이야. 꽃이 씨를 맺는 것은 이 가는 기둥이 있기 때문이지. 이를 암술雌蕊*이라 한단다. 그러니까 자세히 나누어보면 꽃은 꽃받침, 화관, 수술, 암술의 4개 부분으로 이루어져 있어. 너는 이를 잘 기억해야 해."라고 가르쳤다.

이 이야기를 마치고 데루와카는 바로 방을 나왔다. 여동생은 이불 위에 누워 혼잣말로 "화관은 식물의 모자이다. 꽃받침은 그 형태가 잔과 비슷하다. 수술은 화분을 갖고 있으며 암술은 씨를 만드는 그릇이다."라고 했다.

* 수술(雄蕊)
* 암술(雌蕊)

제7과 우리 집

우리들은 모두 우리 집에 산다고 말한다. 그렇지만 우리 집이라고 하는 것은 왜일까? 그저 내가 살기 때문에 이러한 이름을 붙였는지 잘 생각해야 한다.

우리 집은 원래 부모가 소유하는 것이기 때문에 그 허락을 받지 않고는 누구도 들어 갈 수 없다. 그리고 가재도구, 문, 벽 등은 물론 여기에 사는 부모, 형제, 자매부터 하인에 이르기까지 모두 우리 집이라는 말 안에 포함되어 있는 것이다. 또한 개, 고양이, 소, 말을 기르자 하는 것도, 정원의 초목을 기르고자 하는 것도 모두 우리 집이기에 이러한 생각을 하는 것이 아닐까.

이렇게 우리 집은 소중한 것이지만 처음부터 우연히 존재하는 것은 아니다. 이를 건축하고 우리들이 살기까지 갖가지 노력과 노동이 필요하고, 또한 얼마간의 비용도 필요로 한다.

우선 집을 건축하는 데에는 그 집의 도면을 제작하고, 목수가 석재상, 목재상 등에 석재, 목재류를 주문해야 비로소 건축에 착수하게 된다. 그리고 그 돌과 재목을 운송하기 위해서는 많은 인부가 필요하고, 돌을 자르고 재목을 깎기 위해서는 다양한 도구가 필요하다. 그러므로 대장간 또한 없어서는 안 된다.

가옥의 기본을 이미 만들었다면 지붕을 잇는 장인, 기와 얹는 장인, 미장이, 다다미 장인, 수리공 등을 고용해 지붕을 잇게 하고, 벽을 칠하게 하고, 그리고 다다미와 창호를 만들게 한다. 이렇게 하면 그 전체는 이윽고 완성되지만 아직 이것만으로는 우리 집이라 칭할 수 없다. 그러므로 가재도구를 장만하고, 의복, 음식도 갖추어야 한다. 이와 같은 물건이 충분히 구비되고 일가족이 아침, 저녁으로 서로 융화하고 즐거워하며, 각자의 직분을 다해야만 비로소 우리 집이라 칭하게 된다.

우리들은 이렇게 유쾌한 집에 살 수 있지만 그 옛날을 살펴보면 오늘날과 같은 집을 짓기까지는 다양한 변혁을 거쳐야만 했다. 태고에는 사람들이 모두 동굴 안에 살았고, 돌 도구를 사용해 갖가지 물건을 만들었으며, 그보다 조금 더 진보하면서 수목의 나뭇가지 등을 이어 지붕으로 삼고 혹은 두꺼운 나무를 땅에 세우고 그 위에 짐승 가죽을 덮어 엉성한 오두막집을 만들었다. 원주민野蠻人 중에는 여전히 이러한 집에 사는 사람도 있다. 사람의 지혜가 점차 발달함에 따라 석기石器 대신 동기銅器를 사용하다가 결국 오늘날에 이르러서는 철기鐵器를 사용해 견고한 가옥을 지을 수 있게 되었다. 그러하니 우리들이 일가족과 서로 친밀하고도 유쾌한 우리 집에 사는 것이 얼마나 행복한 일이겠는가. 그저 이 행복에 만족하지 말고 더욱 발전시켜 유쾌한 것을 추구하는 것은 우리들이 힘써야 할 바라 하겠다.

제8과 일본 고대의 개요

우리나라의 고대에 대해서는 명확히 알 수 없다. 옛 기록은 사람들 사이에 전해 내려오는 이야기를 모아 적은 것이기 때문에 이야기가 전해지는 동안에 빠진 것도 있을 것이고 또한 없는 일을 덧붙여 적은 것도 있을 것이다. 고대의 기록은 모두 믿을 만한 것이라고는 말하기 어렵다.

근래에 이르러 옛 것에 대해 연구하는 학문이 점차 진보해 우리나라의 옛 것도 이 학문을 근간으로 해 연구하면 고대인人民의 모습이라 할지라도 조금은 알 수 있다. 이미 두세 명의 학자가 우리나라의 옛 것을 연구해 그와 관련된 책을 저술했으며, 오래된 기록에 기재되지 않은 것을 발견한 일도 적지 않다.

옛 도구에는 두 종류가 있다. 즉, 뗀석기와 간석기이다. 돌화살촉, 돌주걱天狗の飯匙, 돌추分銅石 등은 뗀석기이며 돌도끼, 돌망치, 석검, 곡옥勾玉, 관옥管玉 등은 간석기이다.

돌화살촉은 전쟁에 사용했으며, 돌주걱은 공사 혹은 농사에 사용했고, 돌추는 어업에 사용한 도구이다. 돌도끼, 돌망치, 석검은 무기이다. 돌망치에는 다양한 형태가 있으며 조각을 한 것까지 존재한다.

대부분의 곡옥, 관옥은 대개 옛 무덤에서 발굴되며 그 재질은 옥, 마노 등으로 만들어졌고 그 색은 다양하고 대부분 아름답다. 이들 옥과 돌 중에는 우리나라에 없는 것도 있어서 어떤 학자는 외국에서 온 사람이 소지했던 것이라고 말하기도 한다. 곡옥, 관옥 등은 모두 목걸이, 목장식 등에 사용했으며 그 사람이 죽으면 생전에 좋아했던 물건을 사체와 함께 매장하는 것이 보통이었다.

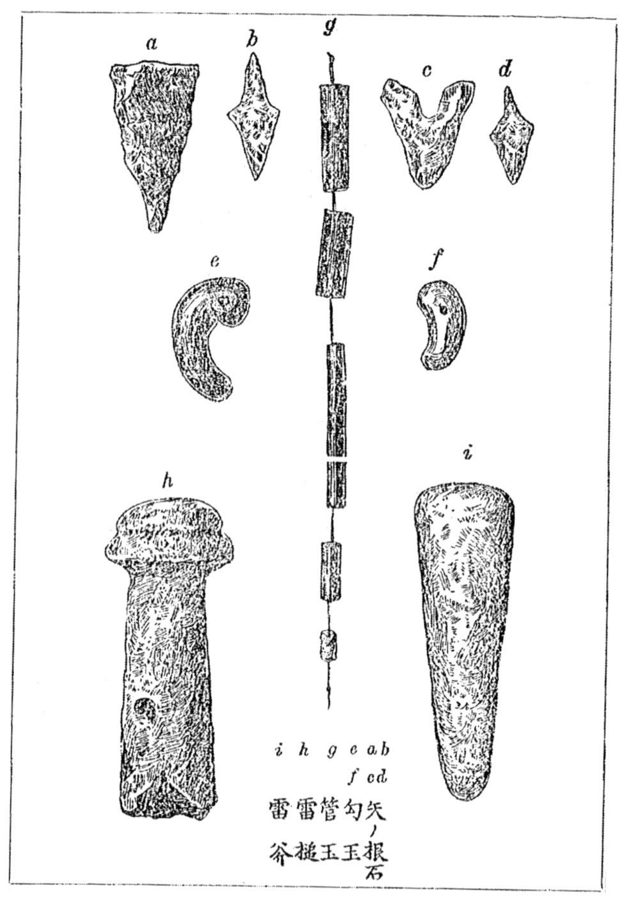

돌화살촉 곡옥 관옥 돌망치 돌도끼(오른쪽부터)

제9과 교토

교토京都는 옛날 간무 천황桓武天皇이 황거를 정하신 땅으로 그로부터 천백여 년간 몇 대에 걸친 제국의 수도였다. 메이지明治(1868~1912년) 초기, 도쿄東京를 황거라 정하셨지만 교토는 여전히 3부府 중 하나로 일본에서 세 번째로 번성한 도회이다.

교토는 야마시로노쿠니山城國의 가도노葛野와 오타기愛宕라 하는 두 군郡에 걸쳐 있으며 지세는 대체로 평탄하다. 예전에는 교토를 둘로 나누어 동쪽을 사쿄左京라 하고, 서쪽을 우쿄右京라 했다. 또한 가모가와賀茂川를 경계로 서쪽을 라쿠추洛中(시내), 동쪽을 라쿠가이洛外(시외)라고도 불렀다. 중세 병란兵亂으로 우쿄는 모두 황폐해져 시골처럼 되었다. 사쿄도 시치조七条 아래쪽은 마찬가지였다. 그렇지만 라쿠가이는 시가가 오랫동안 유지되어 옛날보다 오히려 크게 번창했다.

오늘날 교토는 사통오달四通五達의 거리이며 그에 걸맞게 인구도 약 25만 명이 있다고 한다. 그 번화한 곳 중에서도 산조 거리三条通り, 시조 거리四条通り, 데라마치 거리寺町通り, 신쿄고쿠 거리新京極通り 등의 상점은 마치 빗살과 같이 촘촘하게 늘어서 있고 행인의 왕래가 빈번하다. 북쪽에는 황거가 있고 니조성二条城이 있으며 모두 웅

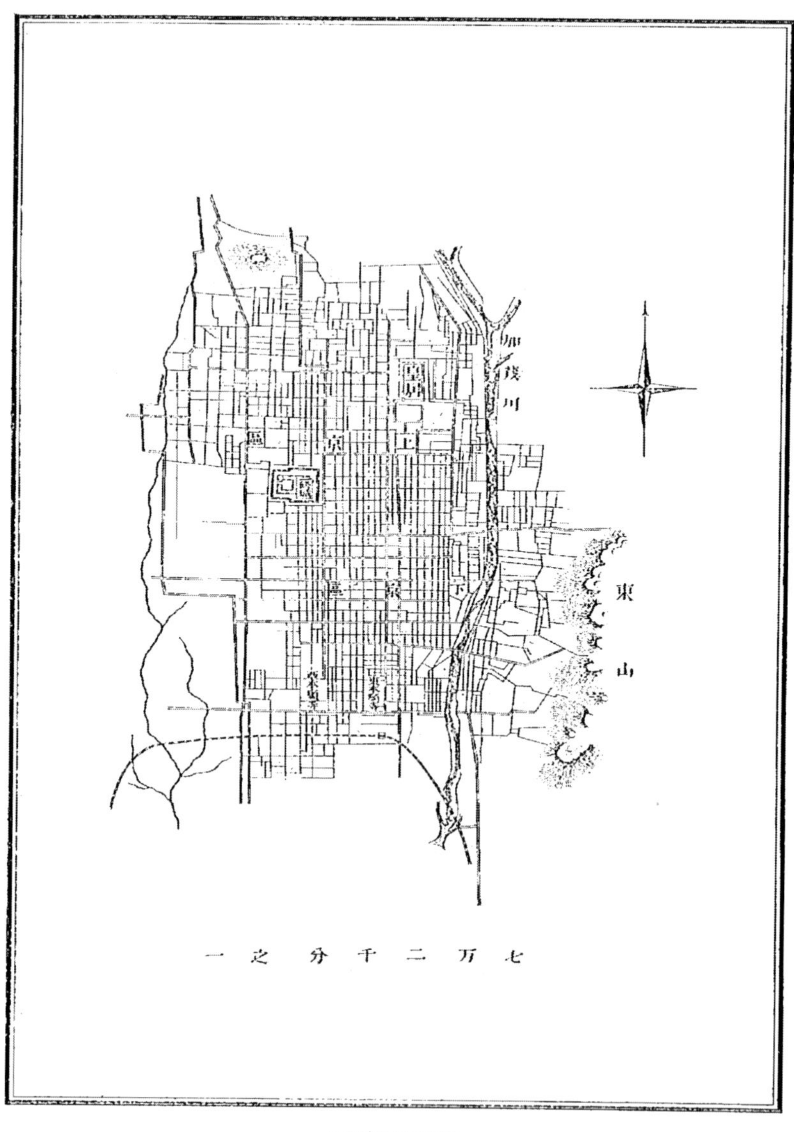

교토(1/72,000)

대하다. 그 외 신사, 불각 등 보아 놀랄 만한 것이 수 없이 많다. 교토부 밖의 동쪽에는 가모가와, 히가시야마東山와 같은 경치 좋은 곳이 있고 서쪽에는 오이가와大井川, 아라시야마嵐山와 같은 경승지 등 명소와 유적이 실로 많다.

교토는 동, 서, 북의 세 방향 모두 산이라 통행하는 데 불편함이 많다. 게다가 하천이 얕아 운송에 편리하지 않아 상업의 부진을 초래했다. 그렇지만 예로부터 제조업은 번성해 대단히 정교하다. 근래에 이르러 더욱 상업이 번창해졌기에 일찍부터 철도를 부설하고 대대적인 수로* 공사를 해 오미近江 호수의 물을 끌어들일 계획을 하고 있다. 그러므로 앞으로 이 땅은 제조가 성행할 뿐 아니라 상업도 더욱 번영해 나아갈 것이다.

시신덴

제조물 중에는 니시진西陳의 직물이 가장 유명하다. 금란金襴,[1] 비단, 새틴, 단자純子,[2] 벨벳 등은 타국에서 모방할 수 없는 것이라 한다. 또한 교토 염색京染이라고 불리우는 염색 기술은 일본에서 제일이라고 한다. 유젠友禅 염색, 가모가와 염색류는 특히 뛰어나다. 이는 이 땅의 수질이 염색에 적합하기 때문이다. 직물 다음으로 번성한 것은 도기이다. 기요미즈사카清水坂에서는 남빛 자기石焼の染付를 만들고 또한 토기도 만든다. 아와타粟田보다도 토기를 더 많이 생산한다. 그중에서도 금박칠 도기金襴手, 다채색 도기錦手 등은 특히 아름답다. 그 외 조각, 칠, 마키에蒔絵[3] 류부터 부채, 바늘, 입술연지, 분, 히나인형雛人形,[4] 과자, 보리 미숫가루香煎에 이르기까지 무엇 하나 정교하지 않은 것이 없다.

* 수로(疏水)[5]: 물을 끌어들이는 것.

---

1) 금실 직조 비단.
2) 광택과 화려한 무늬가 있는 수자직의 견물.
3) 금, 은가루 색칠의 칠기.
4) 일본 귀족의 모습을 본 뜬 일본 전통의 인형.
5) 본문에는 疏水라고 되어 있으나 수로로 번역하였음.

제10과 야마토 다케루노미코토의 용맹

야마토 다케루노미코토

야마토 다케루노미코토日本武尊는 게이코 천황景行天皇의 황태자로 용맹한 사람이었다. 천황이 이 황태자에게 구마소 다케루熊曾建를 정벌하라 명했다. 이 구마소 다케루 형제는 모두 용맹하였으나 왕명을 따르지 않았기 때문이었다.

구마소 다케루는 새로 별실을 짓고 축조를 축하하고자 친척, 옛 친구 등을 초대해 연회를 열었다. 이때 야마토 다케루노미코토는 그 나이 16세였는데 총각의 상징인 유이가미結髮*를 풀어헤치고 처녀의 모습으로 변장하여 처녀의 의복을 입고 단검을 품에 숨기고는 시녀들과 함께 구마소 다케루의 연회 시중을 들었다. 구마소 다케루는 그가 남사라는 사실을 알아차리지 못하고 자꾸 술을 잔에 따르라며 이를 즐겼다.

이리하여 밤이 깊어지자 사람들이 흩어지고 구마소 다케루도 만

취하여 자리에 쓰러졌다. 야마토 다케루노미코토는 이를 보고 크게 기뻐하며 바로 단검을 품에서 꺼내 들고는 형 다케루의 목덜미를 잡고 가슴을 깊이 찔러 결국 죽였다.

동생 다케루는 그 용맹함에 겁을 먹고 재빠르게 도망을 쳤으나 야마토 다케루노미코토는 이를 뒤쫓아가 대퇴부를 찔렀다. 보통 사람이라면 어찌 이를 참을 수 있겠는가. 그렇지만 동생 다케루는 조금도 굴하는 기색 없이 큰소리로 황태자를 부르며 말하길, "잠시 기다려 주시오. 당신은 누구시오?" 야마토 다케루노미코토가 말하길 "나는 야마토 오구나日本童男이며 천황의 아들이다. 너희들은 우리 천황께 복종하지 않았기에 천황께서 너희들을 토벌하라 나를 보내셨다."

동생 다케루는 이를 듣고 대단히 두려워하며 사과를 거듭하고 "서쪽 나라에는 우리 두 사람의 용맹에 대적할 자는 없소. 그래서 우리들은 스스로를 구마소 다케루라 칭했소. 예상치 못했지만 당신이 나를 이길 줄이야. 이제부터는 더욱 황자를 존경하여 야마토 다케루노미코토倭建御子라고 부르겠소"라는 말을 마치고는 결국 절명했다. 이 일로 사람들은 모두 황자를 존경하는 마음을 담아 야마토 다케루노미코토라 부르게 되었다.

* 유이가미(結髮): 머리를 묶는 것.

제11과 한 방울의 물 이야기

여름은 더운 계절이지만 아침나절에는 시원하고 특히 뜰, 밭 등 초목이 무성한 곳은 심신 모두 상쾌하며 또한 여러 가지 사실에 대해 알 수 있는 기회가 되기도 한다. 어느 여름날 아침, 지로次郎는 일찍 일어나 운동을 하고는 무심코 뜰 밖의 밭길로 나갔다. 때마침 밭에는 호박이 열려 있었고 그 모든 잎사귀 위에는 한 방울씩 물을 머금어 아침 햇살을 받아 초록빛과 붉은빛을 함께 띠고 있었다. 지로는 그곳에 서서 지난밤에는 비도 내리지 않았는데 이렇게 물방울이 남아 있는 것은 왜일까 하고 혼자서 의아하게 여기고 있다가 마침 형 다로太郎도 이곳에 왔기에 형에게 달려가 자신이 품은 의문에 대해 물어보았다. 다로는 크게 기뻐하며 “사람이 무슨 일에건 의문을 품지 않는다면 학문은 진전되지 않을 것이다. 너는 용케 이와 같은 의문을 품었구나.”라며 바로 지로를 데리고 집으로 돌아와 물방울 이야기를 시작했다.

다로가 말하기를 “네가 그 물방울의 이치에 대해 알고 싶다면 우선 물의 성질에 대해 배워야 한단다. 지금 이 병에 들은 물을 접시로 옮긴다면 물은 이렇게 평평해지지. 이를 수평水平이라고 해. 이 물의 성질은 늘 유동하기 때문이야. 그렇지만 물은 때로 단단해져 유동

할 수 없는 경우가 있어. 너는 이것을 뭐라고 하는지 아니?"라고 물었다. 지로는 잠시 생각하더니 이윽고 "그거 얼음 아니야?"라고 대답했다. 다로가 말하길 "그래. 그렇지만 물은 그 외에 또 형태를 바꾸는 경우가 있지. 지금 이 접시의 물을 며칠 동안 햇볕에 내어두면 그 물이 모두 말라버린단다. 이는 증발을 해 공기 중에 들어가기 때문이야. 이를 수증기라고 해. 뜰에 뿌린 물이 점차 말라가는 것도 같은 이치야. 그러니까 물의 성질에는 세 종류의 상태가 있다는 것을 알아야 해. 그 하나는 유동하는 상태로 학문상의 이름은 유동체라 하고, 두 번째는 단단하게 굳은 상태로 이를 고형체라 하며, 세 번째는 증발하는 상태로 이를 기체라고 해."

"그리고 여기에 냉수를 가득 담은 병이 있어. 이렇게 겉에 물방울이 생기는 것은 왜일까? 네가 이 이치를 안다면 자연히 물방울의 이치를 깨우치게 될 거야. 이 공기 중에 있는 수증기가 차가운 병에 닿아 바로 응축되면 이렇듯 겉에 물방울이 생기는 거지. 그렇다면 수증기는 모두 냉기를 만나면 다시 물로 환원된다는 것을 알겠지?"라고 했다. 지로는 이를 듣고 바로 큰 소리로 말하길 "형, 나는 지금 물방울이 맺히는 이치를 깨달았어. 이는 야간의 수증기가 차가운 호박잎에 닿아 응축한 것이라는 걸 말이지." 다로가 말하길 "너는 그 이치를 잘 깨우쳤구나. 보통 야간의 수증기는 차가운 것에 닿으면 응축하여 물방울이 되지. 그렇지만 호박잎은 접시 모양인데다 기름기가 있기 때문에 물방울이 쉽게 그 면에 붙지 못하고 자기들끼리 모여 이렇게 아름다운 물방울이 되는 거야. 이를 이슬이라 해"라고 했다. 지로는 이 이야기를 듣고 무척 기뻐하며 말하길 "오늘 아침은 일찍 일어났기 때문에 한 방울의 물에 대해 여러 가지를 배웠어. 앞으로는 항상 일찍 일어나 사물의 이치를 탐구하고 세상을 앞서 나가는 사람이 되어야지."라고 했다.

제12과 침실의 널문

침실 널문板戶이 밝아오는 하늘에
아침 해 그림자 비추어 물들면
보금자리를 나서는 180마리의 새는
안개 속에서 서로 친구를 불러대네
꿈꾸는 나비도 일찍 일어나 나와
무리지어 꽃 주변을 춤추며 날아다니네
얕은 잠을 자는 이 내 몸의 게으름을
경계하는 듯한 봄날의 새벽

제13과 야마토 다케루노미코토의 오랑캐 정벌

홋카이도北海道 원주민을 옛날에는 에조蝦夷 혹은 도이東夷라 불렀는데 대부분은 간토関東, 오우奧羽 지역에 흩어져 살았고 겨울에는 굴속에, 여름에는 둥지 같은 곳에 거주하며 가죽이나 짐승의 털을 의복으로 삼고, 짐승의 고기, 어패류를 주식으로 삼으며, 남녀 모두 몸에 문신을 새겨 넣었다. 산을 오르는 속도는 빨라 날짐승과 같고, 풀 속을 헤치며 가는 모습은 들짐승을 닮았다. 항상 동족을 모아 공격을 해 오며 이를 정벌하려 하면 바로 풀 속에 숨고, 쫓아가면 곧바로 숲 속으로 도망간다. 이렇게 에조들이 우리나라 사람에게 해를 끼치기에 천황 대대로 심히 우려를 하셨다.

게이코景行 천황 때에 에조가 수차례 공격을 해 와 아즈마노쿠니東国의 평온을 위협하자 천황께서는 야마토 다케루노미코토日本武尊 황자에게 명하여 이를 무찌르게 하셨다. 이것이 최초의 도이정벌이다. 야마토 다케루노미코토는 명을 받들어 군사들을 이끌고 먼저 스루가駿河에 이르러 그 토적土賊을 무찔렀으며, 더욱 진격해 사가미相摸에 이르러서는 마침내 바다를 건너다 가즈사上総로 가는 배에서 풍랑을 만나 오토타치바나히메弟橘媛[1]가 바다에 가라앉았다. 야마토 다케루노미코토는 더욱 진격하여 무쓰陸奧에 들어가 바닷

길로 에조의 국경에 다다랐다. 이때 에조의 대장인 시마쓰카미島津神,* 구니쓰카미国津神*라는 자가 그 배를 멀리서 바라보고 크게 두려워하며 활과 화살을 버리고 공손히 절을 하며 말하길, "당신의 용모를 뵈옵건대 범인凡人이 아닌 신으로 보입니다. 바라옵건대 당신의 이름을 알려주시옵소서." 야마토 다케루노미코토가 대답하길, "나는 아라히토가미現人神[2]의 아들이다"라고 했다. 에조는 더욱 두려워하여 항복을 했기 때문에 그 대장만을 붙잡았다. 이로써 에조는 완전히 평정되었다.

홋카이도 원주민

야마토 다케루노미코토가 군사들을 이끌고 돌아와 히타치常陸에서 무사시武蔵, 우에노上野를 지나 우스이미네碓氷嶺를 지날 때에 동남쪽을 바라보고 오토타치바나히메의 죽음을 애도하며 아즈마하야吾嬬ハヤ[3]라고 하셨다. "이제부터 그 동남에 해당하는 모든 지역을 아즈마노쿠니吾嬬ノ國[4]라고 하겠다." 후에 아즈마노쿠니東國의 글자를 사용하게 되었다.[5] 그리하여 시나노信濃, 오와리尾張를 거쳐 오미近江에 이르고 이세伊勢로 나오셔 결국 노보노能褒野에서 훙서薨逝[6]하셨다. 향년 32세였다. 천황은 이를 들으시자 크게 슬퍼 탄식

1) 야마토 다케루노미코토의 황후.
2) 사람의 모습으로 이승에 나타난 신.
3) "아아! 나의 아내여"라며 한탄하는 말이다.
4) 아내의 나라라는 뜻이다.
5) 후에 음과 뜻이 통하는 동녘 동(東)자로 쓰게 되었다.

하시며 그 공을 후세에 전하고자 다케베武部*라 불리우는 일족一群の民을 정해주셨다고 한다. 이 정벌에서 야마토 다케루노미코토가 찼던 구사나기검草薙劍[7]은 후일 오와리의 아쓰타熱田에 모셔졌다. 지금의 아쓰타신사熱田神社가 바로 이곳이다.

* 아라히토가미(現人神): 천황을 가리킨다.
* 시마쓰카미(島津神): 추장(酋長)의 이름으로 옛날에는 세상 사람보다 뛰어난 사람을 신이라 했다.
* 구니쓰카미(国津神): 위와 같다.
* 다케베(武部): 야마토 타케루노미코토의 이름을 후세에 영원히 남기기 위해 정해 놓은 일족이다.

---

6) 황족 등의 귀인이 죽다.

7) 역사상의 신검(神劍)으로 '3종의 신기(神器)' 중 하나이다.

제14과 목탄

세계에는 항상 여름만 있어 겨울을 모르는 나라가 있다. 이러한 나라에 사는 것은 즐거울 것 같지만 실상은 전혀 그렇지 아니하다. 항상 뜨거운 기운이 맹렬하여 그 사람들은 신체와 정신이 모두 둔하고 대체적으로 자신의 일에 정진하려는 마음이 부족하다. 우리나라는 이와는 무척 달라서 그 기후는 사계절이 각기 다르고 계절마다의 즐거움 또한 있다. 무릇 사물에 변화가 있음은 유쾌함을 만들어 내는 근원임을 알아야 할 것이다.

봄, 여름, 가을에 그 즐거움이 있음은 새삼 말할 필요도 없다. 다만 겨울은 나뭇잎도 모두 시들어 떨어지고 풍경은 특히 적막하다. 또한 주위가 모두 눈에 파묻혀 모든 사람들이 집 안에 있으니 조금도 낙이 없는 듯하다. 그러나 일가족이 화로 주변에 모여 앉아 갖가지 이야기를 나누니 이 또한 즐거움의 하나이다.

이렇게 화로 주변에 모여 담화의 즐거움을 얻는 것은 오로지 추위를 막기 위한 불이 있기 때문이다. 그렇다면 그 불이라는 것이 무엇에 의해 존재하는가 하면, 오직 장자, 목탄 등과 같은 땔감에 의한 것이다. 장작은 단지 나무를 자르기만 해 얻는 것이지만 목탄은 숯쟁이가 무척 고생을 하여 이를 만들어 낸 것이다.

숯쟁이는 목탄을 만들어 내기 위하여 밤나무, 졸참나무, 상수리나무 등을 베어 이를 같은 길이로 잘라 돌 가마 안에 층층으로 쌓고 그 구멍을 흙으로 덮는다. 이를 여러 번 반복한 후에 아래쪽에 불을 붙여 서서히 그 전체에 불이 번지게 한다. 이렇게 하면 공기의 흐름이 적기 때문에 나무가 타는 것이 통상의 모닥불과는 같지 않다. 공기가 가장 잘 통하는 곳만 타고 그 외의 곳은 모두 원래의 모습과 같다. 숯쟁이는 그 나무를 너무 태워 전부 재가 되지 않도록 그 시간을 잘 봐가며 불을 끈다. 그런 후에 덮어놓았던 흙을 열면 나무는 모두 타 숯의 형태가 되는데 나무 본래의 형태는 여전히 남아 있지만 그 중량은 크게 준다.

우리들은 음식물을 삶거나 구울 때 매일 목탄을 사용해야 한다. 그렇지만 숯쟁이는 산속에 작은 초가집을 지어놓고 여기에 기거하며 햇빛과 비바람을 맞으면서 세상 사람들이 생각지도 못하는 고통을 감내하지 않으면 안 된다.

제15과 오에 아무개의 이야기

인간이 부유하여 번영하는 것도, 가난하여 쇠하는 것도 모두 자신의 마음가짐에 따라 생기는 일이다. 빈부, 귀천은 하늘이 내려주시는 것이라 생각해서는 안 된다. 사람은 그 자신의 분수를 지키고 시시각각 노력하며 게으름을 피우지 않는다면 앞날이 쇠하는 일은 없을 것이다.

옛날 오에大江 아무개라는 자가 있었다. 수십 대에 걸쳐 권세를 누렸지만 그 아버지 대부터 불행이 거듭되어 차츰 재산이 줄어들고 결국 유지할 수 없게 되었기에 생선 파는 일을 시작하였다. 이때부터 오에 아무개는 삼베옷을 몸에 걸치고 짚신을 신고 매일 아침 생선을 팔기 위해 아는 이의 집을 돌아다녔다. 그들은 예전부터 친분이 있던 사람들이었기 때문에 모두 오에의 마음을 알아주어 항상 그 생선을 사주었다. 이렇게 생선을 사는 사람은 점점 많아졌지만 오에는 조금도 만족하지 않고 그 일을 더욱 열심히 했기 때문에 세상 사람들의 신용 또한 한층 두터워져 나날이 번창하였고 다시금 큰 재산을 모았다고 한다.

오에가 항상 사람들에게 말하기를, "세상의 속담 중에 '돈은 더럽게 벌어 깨끗하게 사용하라'라는 말이 있다. 그러나 나는 깨끗하게 벌어서 깨끗하게 사용해야 한다고 생각한다. 또 '내 땀으로 내 의복과 음식을 얻어야 한다'는 것은 현인의 말씀에도 있으니 매일 이처럼 자신이 맡은 일에 힘을 쓴다면 입고 먹는 것은 조금도 어려운 일이 아니라고 생각하며, 오히려 그 마음이 한없이 즐거워진다."라고 했다.

제16과 상업 및 교역

한 정촌町村[1]의 주민은 다른 정촌의 주민과 왕래를 중단할 수 없다. 한 부현府県[2]과 다른 부현의 사이도 또한 그와 같다. 세계 만국의 관계도 역시 모두 그러하다. 이렇게 왕래를 중단할 수 없는 것은 무슨 이유 때문일까? 그것은 한 마을에서 생산, 제조하는 물건에는 한정이 있지만, 주민이 구하는 물건에는 한정이 없기 때문이다. 주민이 구하는 물건에 한정이 없을 때는 이것을 어떻게 할 것인가. 그러니까 마을 주민 중에서 다른 곳에서 각종 물품을 사와 그 요구에 응하는 자가 있어야 하는 것이다. 이것이 상업이 생기는 까닭이다.

각 지역의 토지, 기후는 서로 같지 않기 때문에 생산, 제조하는 물품 또한 서로 같지 않다. 이 지역에서는 모시를 많이 만들고 다른 지역에서는 면을 만든다. 혹은 이 지역에는 바다가 있기 때문에 어류가 많고 다른 지역에는 산이 있기 때문에 목재가 많다. 그렇기에 이 지역에 남는 것을 다른 지역에 보내는 것은 자연스러운 현상이며 이것이 바로 교역이 생기는 까닭이다.

---

1) 일본의 행정구역 단위로 우리나라의 읍과 면의 규모에 해당한다.
2) 일본의 행정구역 단위로 우리나라의 시와 도의 규모에 해당한다.

도쿄東京, 오사카大坂[3] 등은 다른 지방에서 생산, 제조한 물품이 집결하고 흩어지는 대도회이다. 그 물품의 집산集散이 빠르고 이를 생업으로 삼는 사람도 많기 때문에 이와 같이 번창하게 되었다. 한 부府의 도회도 또한 모두 산물, 제품이 집결하고 흩어지는 곳으로 그 집산이 빠르면 더욱 번창하고, 그 집산이 느리면 점차 쇠퇴한다. 상업이라 하고 교역이라 하는 것은 모두 이 집산을 말하는 것이다. 그리고 그 집산이 느리고 빠른 것은 도로, 교량, 배, 차 등의 편리함과 불편함에 따른 것이다.

따라서 인간은 고립되어 생업을 영위할 수 없고 서로 의지하고 사이가 좋아야 비로소 세상에 설 수 있는 것이다. 단, 외국과의 교역은 국가 부강의 사업에 관한 것으로 크게 주의를 기울여야 할 것이다.

---

3) 현재 표기는 大阪.

제17과 오사카

오사카大坂는 옛날에 나미하야浪速라 했지만 후에 나니와難波라고 불렀다. 이 지역 동쪽에는 구릉이 있고 긴 비탈길을 따라 높이 올라가야 되기 때문에 결국 오사카[1]라고 칭하게 되었다. 오사카성大坂城은 구릉 북단에 위치한다. 원래는 신슈혼간지眞宗本願寺[2]의 거성巨城으로 이시야마성石山城이라 이름 붙였다. 도요토미 히데요시豊臣秀吉가 그 터에 자리 잡고 큰 성을 축조하여 도부都府를 형성한 이후, 각지에서 상업과 공업이 오사카로 집중되어 시가지를 이루었는데 점차 번화해 지금은 인구 35만 여의 대도회로 우리나라 3부府 중 두 번째이다.

오사카는 셋쓰코쿠摂津国의 히가시나리東成와 니시나리西成 두 군郡에 걸쳐 있고 그 부근은 대부분 평야이다. 동쪽은 구릉이고 서쪽은 오사카만大坂湾과 매우 가깝다. 요도가와淀川는 그 발원지가 오미近江의 비와호琵琶湖이며, 그 물줄기[3]는 시가를 관통한다. 이것을 몇 개로 나누어 가로, 세로로 도랑[4]을 파고 크고 작은 다리를 걸쳐놓

1) 오사카는 일본어로 큰 언덕이라는 뜻이다.
2) 일본 불교 종파 중 하나.
3) 본문에는 流末라고 표기되어 있으나, 流沫(물줄기)의 오자인 듯하다.

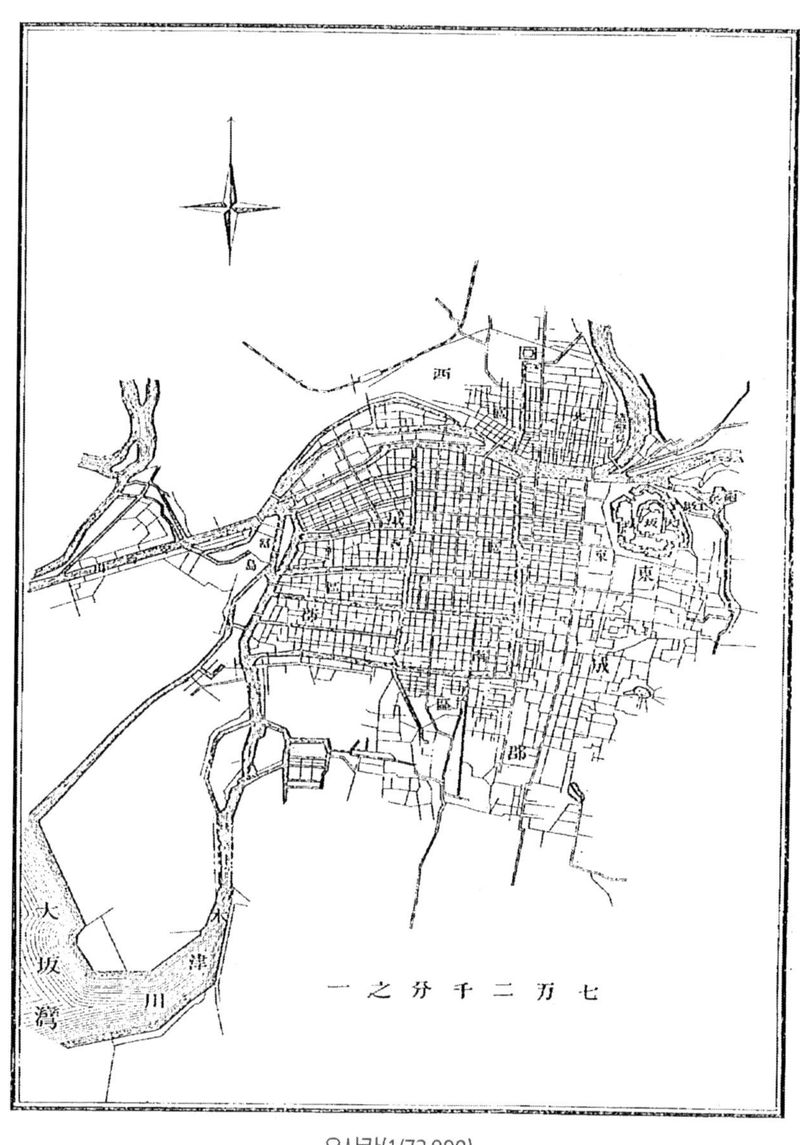

오사카(1/72,000)

4) 급수, 배수를 위해 설치.

신사이바시

아 속칭 사통팔달 다리八百八橋라 불린다. 지류는 아지가와安治川, 기즈가와木津川에서 만나 바다로 흘러들어간다. 하구에는 수천 척의 선박이 항상 드나들어 해운의 편리함은 두 말할 나위 없다. 그 서쪽에 도요시마富島라는 곳이 있다. 외국인의 거주지로서 개항장 중 하나이다.

상점市店들이 번성했는데 도지마堂島는 쌀 거래소로 으뜸이다. 매일 쌀 상인들이 모여 값을 정하고 이것을 팔고 사는 그 수를 알 수 없을 정도이다. 이외에 나가호리長掘의 목재소, 에다이하마永代濱의 염장생선시장, 덴마天滿의 청과물 시장, 혼마치本町의 면직물 상점, 사카이스지堺筋 설탕 상점, 니시요코보리西横堀의 도자기 상점, 도쇼마치道修町의 약재상 등은 항상 사람들이 운집하는 장소이다. 또한 시가지 중 번화한 곳을 들자면 사카이스지堺筋, 신사이바시스지心齋

橋筋, 도톤보리道頓堀, 게이마치慶町 등이며, 그 상업이 번성하다는 것은 이 마을들을 보면 알 수 있다.

오사카 주민은 대부분이 상인이기 때문에 제조업이 번성하다고는 말하기 어렵다. 다만 제철소와 조폐국은 건물이 넓고 크며 기계 또한 정교하다. 제철소에서는 대포를 주조하고, 조폐국에서는 화폐를 만들어 낸다. 그 액수는 어마어마한 거액에 이른다고 한다. 이러한 조폐국을 이 지역에 세운 것은 원래 이곳이 상업으로 번성했던 곳이기 때문이다.

옛날 도쿠가와德川가 정사를 볼 때에는 모든 지역의 다이묘大名[5]들이 각각 오사카에 창고 딸린 저택蔵屋敷을 지어 놓고 영지 내의 쌀과 곡식, 산물을 이곳으로 보내어 이를 상인들에게 팔아 넘겼다. 그리고 상인들은 이것을 사들인 다음 여러 지역에 팔았다. 이 때문에 매매 모두 대단히 편리해져 마침내 많은 거상巨商들이 생겨났다. 메이지明治 유신 이후 모든 다이묘들은 폐해졌으며, 또한 여러 지역에 산물을 보내는 교통편도 크게 발달해 오사카의 상업은 마치 예전처럼 번성하였기에 세상 사람들은 모두 오사카를 두고 상업의 도회라 칭한다.

5) 많은 영지를 소유한 지체 높은 무사.

제18과 상고시대 사람들 1

상고上古시대 사람들이 어떠한 가옥에서 살고, 어떠한 의복을 입고, 어떠한 풍속이었는지를 알려면 우리들의 선조가 우리보다 몇 배나 쓰라린 고생을 했었다는 사실을 감안해야 할 것이다. 이것을 매우 소중히 여기는 것 또한 의미 있는 일이다.

상고시대에 쓰치구모土蜘蛛[1]라는 종족이 있었는데 항상 암굴 안에서 살았다. 그 암굴은 매우 넓게 만들어 수십 명이나 되는 사람을 수용했다고 한다. 당시에 지위가 낮은 사람들은 모두 이와 같이 동굴 생활을 했다. 고귀한 사람들의 가옥은 큰 기둥을 땅속 깊이 세우고 그 위에 지붕을 이었다. 지붕은 새 이엉으로 엮었기 때문에 비바람으로 인해 날려 흩어질 우려가 있었다. 이에 이를 방지하기 위해 지붕 좌우 끝에 벨 예乂자형 나무를 동여매었다. 그 나무를 지기千木[2]라 하며, 지금도 신사의 지붕에 이러한 장식이 되어 있는데, 이는 풍속이 전해 내려온 것이라 할 수 있다.

지붕 주위는 등나무 넝쿨로 곳곳을 연결하여 고정시키고, 그 안

---

1) 땅거미.

2) 고대 건축에서 지붕 위의 양 끝에 X자형으로 교차시킨 기다란 목재.

에는 평상胡床과 같은 것을 놓아 그 위에 다다미를 깔았다. 다다미도 오늘날의 것과는 달리 사초沙草 다다미, 가죽 다다미, 비단 다다미를 깔았다. 벽 역시 박벽縛壁이라고 하여 지금의 자리병풍席屛과 같은 것을 사용했다. 그 외에 대문, 울타리 등도 있었으며 또한 문도 만들었다. 이를 우리들이 오늘날의 집과 비교하면 그 견고함과 안락함이 달라 하늘과 땅 차이라고 할 수 있다.

상고시대 사람들이 사용한 의복은 소매가 좁았던 것으로 보인다. 또한 후세에 이르러 옷은 우측 섶으로 하라는 포고가 있던 것으로 보아 그 이전에는 의복을 입을 때 모두 왼쪽 섶이었다는 것이

상고시대 사람

명확하다. 고귀한 사람은 비단 등을 사용해 허리띠를 만들었다. 그 외 사람들은 대개 직물로 만든 끈을 허리띠로 사용했다. 그 매듭 끝을 늘어뜨린 것을 다라시多羅志라고도 불렀다. 또한 허리 아랫부분은 남녀 모두 하카마袴[3] 같은 것을 입었다. 즉, 여자는 치마를 입고 남자는 하카마를 입는 것이 일반적이었다. 상고시대 사람들은 지금처럼 관冠을 쓰는 일이 없었다. 그 당시 사람들은 갖가지 머리 장식을 하였기 때문에 평소에는 관을 쓸 수 없었다. 그 머리 장식이라는 것은, 남자는 머리카락을 둘로 나누어 좌우로 묶고, 그것에 곡옥勾玉, 관옥管玉 등을 실로 매어 연결시킨 것을 말한다. 이 곡옥, 관옥 등을 연결한 것을 다마카즈라珠髪[4]라 한다. 그 외에 또 큰 빗을 꽂았다. 그러나 어릴 때에는 이마 위에서 머리를 하나로 묶었다. 이를 히사고바나瓠花라고 한다. 18세 무렵이 되면 이를 둘로 나누게 되고 비로소 성인의 모습을 하게 된다.

3) 일본 옷의 한 종류로 아래쪽에 입는 바지와 같은 겉옷.

4) 옛날 구슬을 끈에 꿰어 머리에 늘어뜨리던 장식.

제19과 상고시대 사람들 2

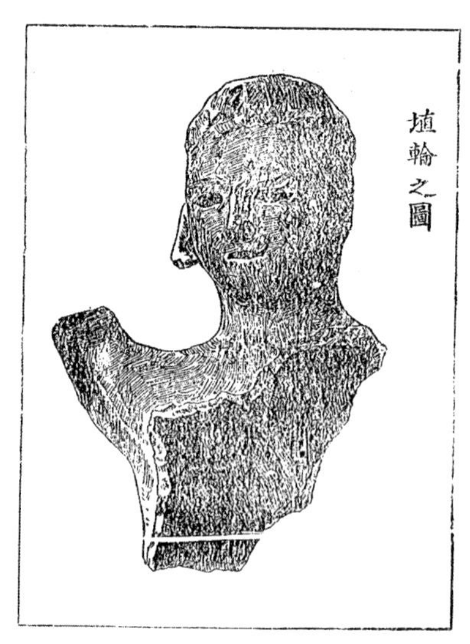

하니와도

중국 문자가 전래되기 전에는 문자가 있었던 것으로 보이지 않는다. 노래는 신대神代[1]부터 있었는데, 스사노오노미코토素戔嗚尊[2]가 읊으신 31자 노래는 '겹겹이 피어오르는 구름이여(八雲起ツ)'로 시작된다. 후세에 이르러 노래는 일종의 문예와 같은 것이 되었지만, 상고시대에는 이를 입으로만 부를 뿐이었다. 그래서 그 노랫가락도 지역에 따라 서로 다르다. 어떤 것은 히나부리夷振*라 하고, 또 어떤 것은 미야비토부리宮人振*라 하는 것은 이 때문이다.

---

1) 기원전 660년 이전. 진무(神武) 천황 이전까지 신이 다스리던 시대.

2) 일본 신화에 등장하는 신으로 난폭한 짓을 많이 저질러 아마테라스 오미카미(天照大神)가 이에 노해 아마노이와토(天岩戸)에 숨어 버렸다고 전한다. 후에 이즈모노쿠니(出雲国)에서 야마타노오로치(八岐大蛇)라는 괴물뱀을 퇴치하여 여기에서 구한 쿠시이나다히메(奇稲田姫)와 결혼하여 이즈모의 조상신이 되었다.

또한 시가지와 같이 사람들이 많이 모이는 곳에는 남녀가 모여 노래를 부르는 일이 있었다. 이를 가가이嬥歌라고 한다. 이 풍속은 후세까지 여전히 벽촌에서 계속 행해졌다고 한다. 또한 오케노오키미弘計王[3]가 나리마노쿠니播磨国에 숨으셨을 때, 스스로 천황의 혈통을 밝히려고 일어나서 가무를 했다는 일도 있었다고 하니, 노래하고 춤추는 행위는 당시 주연酒宴 등에서는 빠지지 않고 행해진 풍속이었던 것이다.

상고시대에 고귀한 사람이 죽었을 때는 그 사람을 섬기던 남녀를 그 묘 옆에 산채로 묻었다. 이들을 생매장 할 때에는 그들의 몸을 땅속에 묻고 머리만 지상에 내놓게 하여 마치 묘 주변을 사람의 머리로 울타리를 만든 것 같았다고 한다. 그리고 그 사람들이 며칠 밤낮을 비통해 하며 우는 소리는 사람들을 견디기 힘들게 했다고 한다.

스이닌垂仁 천황께서는 이 슬픈 울음소리를 들으시고 이를 멈춰야 겠다는 생각을 하셨기에, 이후 황후께서 돌아가셨을 때 시중을 들던 자들의 순사殉死를 금지 하시고 흙으로 인형을 만들어 이를 대신하셨다. 흙인형은 하니와埴輪 혹은 다테모노立物라 하여 지금도 여전히 오래된 무덤 등지에서 발굴되기도 한다. 이 한 사례만 보아도 천황은 어진 마음을 지닌 명군名君임을 알 수 있다.

* 히나부리(夷振): 시골풍 가락.
* 미야비토부리(宮人振): 궁궐풍 가락.

---

3) 『하리마노쿠니 후도키(播磨国風土記)』에 쓰인 바에 의하면 23대 천황으로 겐조(顕宗) 천황을 가리킨다.

제20과 번영해 가는 천황의 치세

번영해 가는 치세에 태어난 걸 생각해 보면 신의 은총일지니.
자, 아이들아! 신의 은총을 꿈엔들 잊지 마라. 꿈엔들 잊지 마라.
꿈엔들 잊지 마라, 잠시라도.
자, 아이들아! 신의 은총을 꿈엔들 잊지 마라. 꿈엔들 잊지 마라.
꿈엔들 잊지 마라, 잠시라도.

제21과 닭 이야기

닭은 조류 중에서 사람에게 가장 많은 이익을 준다. 그 고기가 맛있을 뿐 아니라 암탉은 알도 많이 낳는다. 종류와 기르는 방법에 따라 낳는 알의 수가 일정하지는 않지만, 좋은 암탉은 1년에 약 150개를 낳는다. 알을 낳는 시기는 3, 4, 5월의 3개월 동안이 많으며 늦여름에는 특히 적다. 이 철에는 깃털갈이를 하여 알이 될 영양분의 일부가 깃털을 만들기 위해 사용되기 때문이다. 암탉은 알을 낳은 뒤 이를 부화시키기 위해 통상 12~13개를 품어 따뜻하게 한다. 게중에는 15개를 품는 것도 있다. 그 알이 부화하여 빠르면 19일 만에 껍질에서 나오고, 늦어도 21일을 넘는 일은 없다. 껍질에서 나오는 작은 닭을 병아리라고 한다. 수탉과 암탉은 그 형상, 성질 등에 의해 구분된다. 즉, 수탉은 암탉보다 몸체가 크고, 깃털이 곱고 아름다우며, 꼬리가 길고 머리에 빨간 벼슬*이 있으며, 뺨 아래에도 벼슬과 비슷한 하나의 살점이 있다.

수탉은 항상 쉽게 성을 내며 싸움을 좋아한다. 이 때문에 암탉이 다른 수탉과 무리를 지어 노는 일이 무척 드물다. 어쩌다 다른 수탉과 만나 싸움을 할 때에는 즉시 벼슬을 보라색으로 바꾸고 깃털을 빳빳이 세우며 다가가 부리와 발톱을 세워 서로 싸우려 한다.

어미 닭과 병아리

이 때문에 닭을 키우는 사람은 가능한 한 수탉을 같은 장소에 두지 않도록 주의한다.

* 벼슬(肉冠): 볏, 계관.

제22과 해안

해안에서는 강의 양 기슭에서 자라는 무성한 초목을 볼 수 없다. 이는 대부분의 해안이 모래사장이며 항상 파도가 치기 때문이다. 혹은 거칠고 험한 암석으로 이루어진 해안이 있는데, 이를 낭떠러지懸崖라 한다. 이 낭떠러지 위에 섰을 때 거품이 일어나는 바닷물이 바위 밑에 부딪쳐 그 전체를 흔들리게 하는 경우가 있다.

또한 바닷물이 육지 깊숙이 들어와 만灣을 이룬 곳이 있다. 그 만 안쪽의 선박을 보호하기 위해 견고한 석벽을 쌓아 제방을 만들고 이로써 파도의 피해를 피하는데, 이를 부두라고 한다. 일반적으로 항구라 칭하는 곳에는 대체로 부두가 설치되지 않는 곳이 없다. 이 부두는 수많은 선박이 상품을 싣거나 내려놓는 등의 편의를 돕는다.

그러나 해상에 있는 선박이 밤늦게 항구에 들어오기 위해서는 어떻게든 그 입구를 확인할 수 있어야 한다. 어떤 때는 암초에 걸려 배가 부서지는 일이 있다. 이러한 위험을 피하기 위해 해안에 높은 탑을 세우고 여기에 불을 켜서 그 방향을 알려준다. 등대燈明臺라고 하는 것이 바로 이것이다.

등대의 불빛은 장소에 따라 각각 그 색을 달리한다. 백색이 있고, 적색이 있고, 혹은 녹색인 것도 있다. 이는 한눈에 그 장소가

등대

어디인지를 알려주기 위함이다. 때문에 그 불빛은 항해하는 자를 위한 해상의 안내자*로서 항상 항해하는 자*를 향해 경고하며 말하길, "이곳에는 암초*가 있고 저곳에는 사주砂洲가 있다. 나는 이러한 것들을 알려주어 무난한 항로로 안내하기 위해 이곳에 서 있는 것이다."라고 말이다. 이는 항해하는 자가 잘 아는 바이다.

어두운 밤 몇 리의 바다를 비추는 등대는 이렇게 항해하는 자에게 경고를 하기 때문에, 항해하는 자들은 그 경고를 듣고 따름으로써 야간에도 또한 낮과 같이 배를 운항하여도 우려할 것이 없다.

* 항해하는 자(航海者): 배를 타는 사람.
* 안내자(嚮導者): 안내하는 사람.
* 암초(暗礁): 물속에 숨겨진 암석.

제23과 요코하마

요코하마横濱는 옛날에는 하나의 촌락으로서 그 주민들은 고기잡이나 사냥을 하거나 농사를 지었으며, 혹은 식염을 만들고 김을 따서 근근이 생활을 했다. 그런데 지금으로부터 30여 년 전, 미국 함선이 왔다가 편리한 항구임을 알고 한동안 이곳에 정박하였다. 그 후 서양 여러 나라와 교역을 하기에 이르렀고, 결국 이곳을 개항장으로 삼았다. 이에 벽지의 작은 마을이 갑자기 변화하여 무역의 도회가 되었으며, 결국 오늘날과 같이 만국에 그 이름을 알리게 되었다.

요코하마는 에도만江戸灣의 서쪽해안에 위치하며 무사시노쿠니武藏國 구라키군久良岐郡에 속한다. 혼모쿠미사키本牧岬는 남쪽으로 돌출되어 있으며, 노게野毛는 가나가와神奈川의 양쪽 해변 서북쪽으로 이어져 있어 하나의 만灣을 이루고 있다. 만의 어귀는 동북쪽을 향해 있으며 그 깊이는 약 8장丈(약 24m) 정도 된다고 한다. 본 항구는 전국 5대 항구 중 으뜸가며 기선, 범선의 출입이 하루 종일 끊이지 않는다.

본 항의 지형은 좌우로 산에 둘러싸여 있고, 그 사이에 있는 삼각주 지역에 자리 잡고 있다. 처음에는 토지가 좁고 주민이 많아

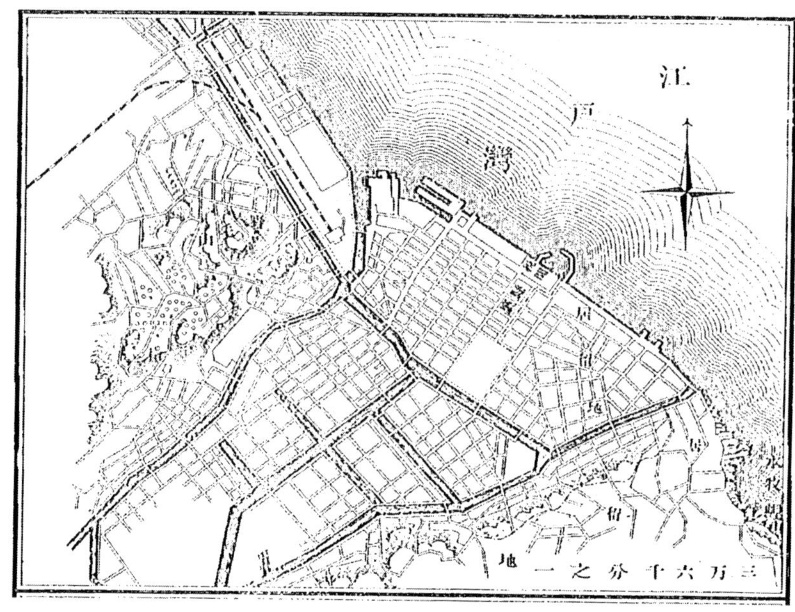

요코하마(1/36,000)

가옥을 지을 땅이 부족했기 때문에 가나가와다이神奈川臺, 혼무라本村 등의 구릉을 깎고 바다를 메워 새롭게 한쪽 면에 시가지를 만들었다. 지금의 요코하마 시가지가 바로 이곳이다.

시가지 중 혼마치 거리本町通, 벤텐 거리弁天通를 가장 번화한 곳으로 여긴다. 중앙에는 공원이 있다. 혼마치 거리에는 가나가와 현청이 있다. 해안에는 세관, 진수부鎭守府[1] 등이 있다. 그 건물들은 모두 웅대하다. 서남쪽으로 뻗어 있는 구릉 위에는 외국인들의 가옥이 많다. 서북쪽 구릉은 노게야마野毛山라 부르며, 다이진구大神宮[2]와 쇼콘샤招魂社[3]를 세웠다. 언덕 위에서의 조망이 대단히 좋다. 시가지의 전체 수는 약 220개 남짓이며, 인구는 대략 5만 9천 명이다.

---

1) 해군의 경비, 방어, 출정준비 등을 관장하는 기관.

2) 아마테라스오미카미를 모셔 놓은 신궁.

3) 나라를 위해 죽은 사람을 모신 신사.

민가는 서북쪽 가나가와 역까지 이어져 있으며 그 길이가 1리里(약 3.93km)를 넘는다. 인가를 합산하면 만 채 이상이 된다고 한다. 본 항 서쪽 끝에서 도쿄東京 신바시新橋까지 철도를 부설했기 때문에 양 지역 간의 왕래가 대단히 편리해졌다.

우리나라의 외국 수출입 총액은 대략 6천 4백만 엔이다. 그리고 요코하마는 4천 2백만 엔 정도를 차지하고 있기 때문에 요코하마의 무역이 총액의 3분의 2이상에 달한다. 수출이 가장 많은 물품은 생명주실, 인화지, 차, 칠기, 동기銅器 등이다. 외국에서 수입되는 물품은 면, 실이 가장 많고, 광목, 모슬린, 설탕, 석유 등이 그 다음을 잇는다. 본 항에 왕래하는 기선, 범선은 매년 약 7~8백 척이다.

이 나라의 개항장, 개시장開市場은 지금으로부터 30여 년 전에 처음으로 열린 것이다. 1859년(안세이安政 6년)에 요코하마, 나가사키長

요코하마

崎, 하코다테函館의 세 항구를 열고, 그 후 9년이 지나 1867년(게이오慶応 3년) 고베神戸를 개항장으로 했으며, 오사카大坂를 개시장으로 하였다. 1868년(메이지明治 원년)에 이르러 오사카를 개항장으로 하고 니가타新潟 또한 개항장으로 하였으며 도쿄를 개시장으로 삼았다. 그러므로 전국의 개항장은 여섯 곳, 개시장은 한 곳이다.

제24과 강낭콩

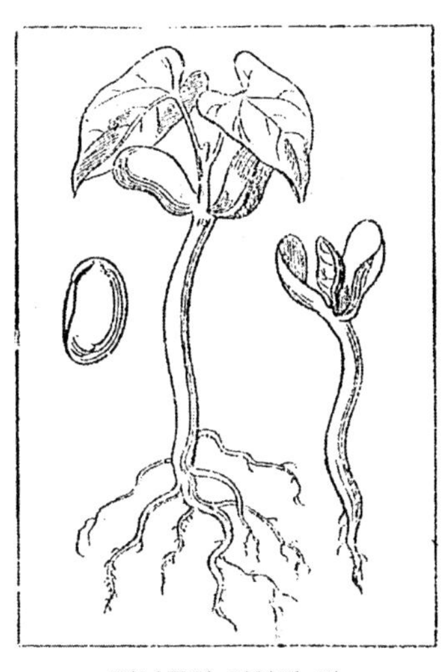
강낭콩의 씨앗과 싹

지금 여기에 한 개의 콩이 있다. 이것은 원래 강낭콩이라는 식물의 씨앗이다. 이 콩은 세상 사람들이 워낙 좋아하는 것이기에 그 싹이 피는 모양, 성장의 모습 등은 우리들이 늘 즐겁게 연구할 수 있다.

씨앗은 식물에 있어서는 새의 알과 같은 것이다. 새는 알에서 나 성장하면 하늘을 잘 날게 된다. 식물도 씨앗에서 나와 성장하며 꽃을 피우고 열매를 맺어, 결국에 씨앗을 만들기까지의 과정이 새가 알에서 나와 성장하는 것과 조금도 다를 바 없다.

지금 강낭콩의 씨앗에 대해 재미있는 하나의 실험을 해보려고 한다. 여기에 하나의 접시를 두고 그 안에 젖은 이끼 또는 솜을 채운다. 그리고 거기에 강낭콩의 씨앗을 뿌리고 4~5일 지나면 그 씨앗이 처음 싹 틔우는 것을 볼 수 있다.

처음 싹을 틔울 때 얇은 껍질 아래에 있는 두꺼운 것이 팽창하여 부드러워지고, 그 끝에서 가늘고 뾰족한 것이 나올 것이다. 그 뾰족한 것은 결국 뿌리가 된다. 그때 그 두꺼운 것을 열어보면, 그 안에는 대단히 작은 두 장의 잎이 겹쳐 있다. 이렇듯 뿌리를 내어 성장하는 동안에 강낭콩은 그 두꺼운 것 안에 저장되어 있는 양분을 취해 성장한다. 그 뿌리가 점차 성장함에 따라 두꺼운 것은 열려 두 장이 되고, 점점 잎의 형태가 되면서 그 정중앙에 겹쳐 있던 작은 잎이 똑바로 선다. 그 작은 잎이 성장함에 따라 두꺼운 것은 점차 얇아지고 결국에는 떨어지게 된다.

그 두꺼운 것이 떨어지기 전에 강낭콩은 그 뿌리를 땅에 옮겨 심어야 한다. 이것을 옮겨 심은 후 며칠이 지나면 이윽고 그 뿌리에서 머리카락과 같은 잔뿌리가 대단히 많이 나고, 작은 잎은 비로소 두 장으로 나뉘어 햇빛을 받아 점차 성장한다. 이것이 강낭콩과 같은 식물의 성장 순서이다.

제25과 삼한의 항복

주아이仲哀 천황 때 쓰쿠시筑紫의 구마소熊襲*가 명을 거슬러 받들지 않았다. 이에 천황께서는 쓰쿠시로 행차하여 가시히노궁橿日宮에 거처하며 군신을 모아 구마소 토벌을 논의하게 하셨다. 그러다 천황께서는 병이 깊어져 붕어하셨다. 황후 오키나가타라시 히메노미코토氣長足姬尊는 죽음을 비밀로 하여 알리지 않았다. 가모와케鴨別를 보내 구마소를 토벌시키셨으니 구마소는 10일 만에 항복하였다. 오키나가타라시 히메노미코토는 진구神功 황후를 가리킨다.

진구 황후는 구마소를 정벌한 후, 신라를 정벌하고자 뜻을 세워 남장을 하고 친히 군대를 호령하여 마침내 군을 이끌고는 군함을 타고 출발하셨다.

이때 순풍이 불어 배가 빨라져 노도 젓지 않고 바로 신라에 도착하였다. 호령을 잘 하셔 군진이 잘 정비되었고 군은 기세를 크게 떨쳤다. 신라의 왕은 이를 보고 크게 두려워하여 그 적이 될 수가 없음을 알고 스스로 배 앞으로 찾아와 한 번의 싸움도 치르지 않고 항복하였고, 이후 매해 반드시 공물을 헌상하기로 맹세하였다. 황후는 이를 받아들이고 이윽고 신라의 수도에 들어서 창고를 봉하고 그림과 서적을 몰수한 뒤, 창을 그 문 앞에 꽂아 후세의 표식으로 삼았다. 신라의 왕은 바로 인질을 보내고 또한 비단과 같은 물건들을 80척의 배에 쌓아 관군으로 하여금 이를 헌상하게 하였다.

고구려,[1] 백제 두 나라 또한 이 사실을 듣고 이윽고 우리나라의 속국이 되어 공물을 헌상하였다. 이로써 황후는 모든 군을 통솔하여 마침내 돌아왔다. 이를 세간에서는 삼한정벌이라 한다. 이 신라, 고구려, 백제를 옛날에는 삼한이라고 했다. 지금의 조선을 말한다.

* 구마소(熊襲): 지금의 규슈(九州)에 있는 옛날 종족의 이름이다.

1) 본문에는 '고려(高麗)'로 되어 있다. 일본에서는 고구려와 고려를 혼동하여 사용하는 경우가 있다.

제26과 시계

세상에 아직 시계라는 발명품이 없던 시대에는 항아리에 모래를 담거나 혹은 그릇에 물을 담아 그 바닥에 있는 구멍에서 새어 나오는 물 혹은 모래의 분량을 측정하여 이로써 시간을 알았다.

Galileo

어떤 나라에서는 여전히 이런 방법을 사용하는 곳이 있다. 그 방법이란 대개 사람의 머리 크기만 한 코코아Cocoa라는 과실 껍질의 정중앙을 쪼개 그 한쪽 밑에 작은 구멍을 뚫고는 이를 물통에 띄운다. 그러면 물이 조금씩 그 작은 구멍으로 들어가 정확히 한 시간이 경과하면 물이 그 안에 가득 차고 과실은 그 때문에 물통 바닥에 가라앉아 부딪히는 소리가 난다. 이를 듣고 몇 시인지를 알 수 있는 것이다.

그런데 이학의 대가 갈릴레오Galileo가 진자추搖錘*를 발명한 이래 사람들은 모두 편리한 진자振動시계를 소유하게 되었다. 이에 지금 그 발명의 개략을 소개하겠다.

어떤 예배당에 한 개의 램프燈籠가 있었는데 천장에 달려 있었다.

그 램프는 바람에 흔들려 좌우로 항상 동일한 거리를 왕복했다. 갈릴레오는 이를 주시하더니 집으로 돌아가 여러 생각을 한 후 드디어 하나의 법칙을 발견하였다. 진자의 등시성定振*이론이 바로 그것이다. 이것으로 비로소 진동시계를 만드는 기초가 마련되었다. 지금의 진동시계가 때를 알리는 것은 그 기계 안에 진자추가 들어 있기 때문이다.

* 진자추(搖錘): 영어로 펜듈럼(pendulum)이라고 한다.
* 등시성(定振): 일정 시간에 일정 거리를 운동하는 것.

제27과 개 이야기

어느 높은 산 정상 한 암자에 수도승 한 사람이 살고 있었다. 이 수도승은 달리 하는 일 없어 두 마리의 개를 키우며 늘 이 개들을 잘 가르쳐 이 산을 다니는 여행자들을 안내하거나 혹은 눈에 묻힌 사람들을 수색하게 하였다.

과거에 이 산을 지나는 한 사람의 여행자가 있었다. 그 날은 일찍 일어나 길을 나서 산에 올랐는데, 하늘은 맑고 구름도 없어 자연의 절경도 한층 아름다움을 더했다. 그 사람은 산수의 절경을 보면서 굽이진 산길을 다니다보니 생각지도 못하게 높은 곳에 다다라 있었다. 게다가 사방을 바라보니 눈이 쌓여 있는 봉우리는 구름 위로 치솟고, 푸른 물이 흐르는 호수는 산림 사이에 숨겨진 듯 보였다. 구릉은 멀리 뻗어 있고, 들판은 파도처럼 널리 펼쳐져 있어 바다와 같았다. 실로 살아 있는 한 폭의 그림이었다.

더 올라 높은 곳에 이르니 사방의 광경이 갑자기 일변하여 운무雲霧의 그늘 속에 들어갔다. 그러면서 세찬 바람이 소매 자락을 흔들고 한기가 피부에 엄습했다. 한층 용기를 내어 더 나아가려했으나 갑자기 눈발이 날려 한치 앞을 분간하기 어려웠다. 그러나 쉬어 갈 곳도 없어 5~6정町(545~654m) 더 나아가자 순식간에 큰 눈이 쌓

수도승의 개가 여행자를 구하다

여 이미 길이 막혀 있는 것이 보였다.

이에 춥고 배고프고 길은 막혔으며, 기력도 점점 떨어져 한걸음도 나아갈 수 없었다. 그래서 몸을 바위 아래로 피했으나 홀로 고립되니 어찌할 바를 몰랐다. 혹여 굶주린 늑대가 다가올까 두렵고, 혹여 쌓인 눈 속에서 묻힐까 생각하니 슬퍼 그 마음속의 고통을 어찌 말로 다 할 수 있겠는가. 운다고 한들 이를 불쌍히 여길 이 없고, 고함을 친들 이를 도와줄 사람도 없었다. 실로 진퇴양난의 상황이었던 것이다.

시간이 조금 흐르자 멀리서 들려오는 소리가 있었다. 역시 괴이하다 생각하고 그것이 무슨 소리인가 하며 두려워하고 있었는데 개의 소리가 아니겠는가. 그러는 사이에 그 소리가 점점 가까워졌기 때문에 그 사람은 자신이 소리 지를 수 있는 한 최대한 고함을 쳤고, 개가 이 소리에 반응하여 짖으며 결국 두 마리의 개가 그의 곁으로 왔기에, 그중 한 마리의 목에 묶여 있는 약을 받아 그것을 먹고, 다른 한 마리의 목에 묶여 있는 옷을 받아 몸에 걸치니 점차 기력을 차려 그 사람은 개의 도움으로 그 암자에 다다를 수 있었다. 암자의 수도승은 이를 딱하게 여겨 성심껏 간호를 하고 친절하게 대해주었다고 한다.

이 개의 이름은 세인트 버나드St. Bernard's dog라고 불렀다. 서양의 알프스Alps 산 정상에 세인트 버나드라는 곳이 있는데 그곳 암자의 수도승이 키운 개이기 때문에 그렇게 부른다고 한다.

제28과 구름과 비 이야기

쇠주전자의 물이 끓을 때에는 그 주둥이에서 어떠한 것이 나오는가? 하얀 김이 나오는 것을 볼 수 있다. 그 김은 쇠주전자의 주둥이 바로 위에서 생기는 것이 아니라 조금 떨어진 곳에 이르러 비로소 하얗게 보이는 것이다. 그 주둥이 바로 윗부분에 있는 것은 대단히 뜨거운 증기라 전혀 눈에 보이지 않지만, 그 주둥이에서 떨어지면서 공기로 인해 그 증기가 식게 되면 비로소 하얀 김이 되기 때문이다. 이 하얀 김은 수백만의 극히 작은 물방울이다. 이와 같은 물방울이 높은 곳에 모이면 구름이라고 하고 낮은 곳에 모이면 안개라고 한다. 구름과 안개가 과연 물방울이라면 왜 비처럼 갑자기 지면으로 떨어지지 않는가? 이 구름과 안개를 만드는 물방울은 가벼워서 비눗방울이 날아다니는 것과 같은 이치로 공기 중에 떠다니며 떨어지지 않을 따름이다.

일반적으로 공기가 수증기를 포함하고 있는 한 눈에 어떤 형태로든 보이게 되는데 쇠주전자의 주둥이에 닿아 떠오르는 증기가 그러하다. 그러나 공기는 차가워지면서 수증기를 머금는 힘을 잃어 바로 미세한 물방울을 무수히 생성시킨다. 그 물방울의 집합은 바로 구름과 안개가 되고 또 그 물방울은 서로 달라붙어 더욱 큰 물방울을 만들고 결국 그 중량이 무거워져 공기 중에 떠다닐 수 없게 되어 비로소 비가 되어 내리는 것이다.

그렇기 때문에 바다, 육지, 호수, 강의 수증기가 증발하여 공기 중에 들어가면 사라지는 듯하지만, 사실은 증기가 되어 떠다니는 것이며 차가운 기운을 띠게 됨에 따라 구름과 안개를 만들고, 그 구름과 안개를 만드는 물방울은 또 서로 달라붙어 비가 되어 내리며 다시 하천과 바다로 흘러들어간다. 이처럼 만물이 형태를 바꿔 눈에 보이지 않아도 결코 사라지는 것이 아니라는 이치를 알아야만 한다.

너희들은 지금 이 이야기를 듣고 바로 이해했다고 생각할 것이다. 그렇지만 잘 생각하면 의문이 생길 것이고, 의문이 드는 것에 대해 다시 깊이 생각해야만 진리를 이해할 수 있다. 고로 앞에서 이야기했던 물방울의 이치와 이 이야기를 상호 참조하여, 반복해 이 이치를 탐구해야 한다. 이것이 너희들이 힘써야 하는 바이다.

구름과 비

제29과 구름

1
눈 깜빡할 사이에 산을 덮으며
얼핏 보는 사이에도 바다를 건너는구나
나비 구름이야말로 신묘하구나
구름아 구름아 잠깐 사이에 비로도 안개로도 바뀌니
이상하리만치 신기하구나 구름아 구름아

2
석양빛에 물든 다리를 건너고
하늘에 소리 없이 눈물을 흘리는구나
나비 구름이야말로 신묘하구나
구름아 구름아 없다고 생각했는데 큰 하늘을 덮고 있으니
이상하리만치 신기하구나 구름아 구름아

제30과 문학의 도래

옛날 우리나라에서 문학이라고 하면 중국의 학문만을 가리키는 것이었다. 그러나 그 학문도 중국에서 직접 우리나라에 온 것은 아니다. 지금의 조선을 거쳐 비로소 우리나라에 전래된 것이다.

지금으로부터 1600년 전 오진應神 천황 때 삼한의 백제에서 아직기阿直岐라는 사람이 와, 황태자 우지노와키이라쓰코菟道稚郎子에게 경전 읽는 것을 가르쳤고, 그 이듬해에는 왕인박사王仁博士라는 사람을 백제에서 초빙해 태자의 스승으로 삼았다. 이때 왕인은 논어와 천자문을 헌상했다. 이것이 중국문학 도래의 기원이라고 전해진다.

이보다 300여 년 앞선 스진 천황崇神天皇 때 임나任那 사신 소나카시치蘇那曷叱知라는 사람이 일본 조정에 왔고 또한 스이콘 천황垂仁天皇 때 신라의 왕자 아메노히보코天日槍가 귀화했으며, 그 후 진구神功 황후는 신라를 친히 정벌하고 그 백성人民을 잡아 돌아오신 일도 있다. 이 모두 아직기, 왕인이 일본에 오기 이전에 있었던 일로 그 문자만큼은 아마도 그 전에 일찍이 이미 전해졌을지도 모를 일이다.

그 후 단요니段楊爾라는 사람이 백제에서 와 문학을 가르치고 또 여러 지역에 국사國史라는 관직을 두어 그 지역의 일을 기록하게 하고 조정에서도 천황기天皇記, 국기国記 등을 칙찬하였다. 이들 기록은 지금 모두 전해지지 않지만, 그 즈음부터 한서漢書, 한자漢字의 사용이 점차 번성했던 것은 의심할 여지가 없다.

우리나라에 전해진 논어論語는 공자라는 성인의 언행을 기록한 책으로서 인간의 도리를 가르치는 것인데, 지금도 우리나라 사람들이 귀히 여기는 바이다. 공자는 중국 노魯나라라는 곳에서 태어났으며 이름을 구丘라고 했다. 그 제자 중에서도 학술, 기예에 뛰어난 자가 70명이 있었다. 그 가르침을 받은 사람은 3천 명에 이르렀다고 한다.

공자는 그 이전부터 전해지는 글들을 모아 취해야 할 것은 취하고 삭제해야 할 것은 삭제하여 역경易經, 서경書經, 시경詩經, 춘추春秋를 편집하였다. 그 손자 자사子思가 중용中庸을 저술했으며, 그의 제자인 맹가孟軻는 맹자孟子를 저술하여 모두 공자의 가르침을 후세에 전하였다. 이렇듯 공자는 중국 학문의 시조라 칭할 만한 사람이었기에 지금도 여전히 중국에서 이를 문선왕文宣王이라고 칭하며 존경하고 숭상한다.

제31과 바닷속 화원

정원에는 수많은 꽃이 아름다움을 겨루고 평야에는 푸르른 풀이 융단처럼 깔려 있다. 이는 모두 우리들이 항상 보는 바이다. 그렇지만 전 세계에는 우리들이 일찍이 보지 못한 초목이 수없이 많다.

바닷속에도 또한 육지의 삼림, 화원과 비슷한 것이 있다. 그중에 더운 지방의 해안과 가까운 수중에는 폴립Polyp이라는 수백만 마리의 작은 벌레가 있어 산호암을 짓는다. 그 산호암은 마치 나무와 같은 형태로 높이는 6자尺(약 180cm)에서 8자(약 240cm) 정도 되는데, 꽃과 같은 형태의 수백 개의 폴립이 그 가지에 들러붙는다.

이들 작은 벌레는 모두 수중에서 서식하는 것으로 바람이 고요하고 파도가 잔잔한 날 물속이 들여다보일 때에는 그 미려함을 견줄 것이 없다. 또 햇살이 물속으로 들어와 이 화원을 비출 때에는 그 빛이 찬란하여 무지개와 같고, 그 색깔은 투명하여 유리와 같다. 사람들이 이를 칭해 꽃의 낙원이라고 한다.

이 화원은 햇빛과 작은 벌레에 의해 미려함을 더할 뿐만 아니라 각종 물고기와 조개류가 이곳에 서식하고, 그 산호 속에서 나타났다 사라지며 노니는 경관은 육지에서도 그러한 유례를 볼 수 없다. 물고기의 비늘은 금색, 주황색, 초록색이 섞여 빛을 발하여 눈길을

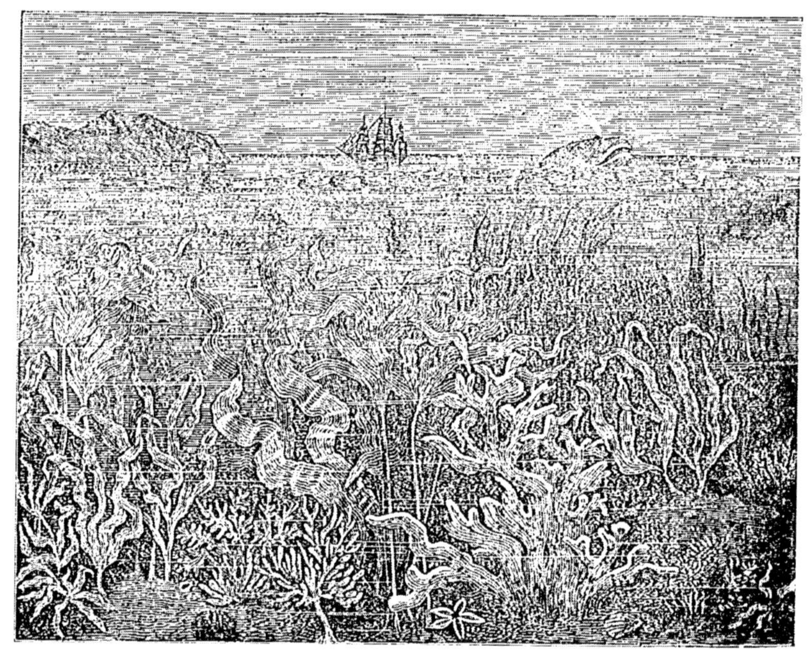

바닷속 화원

빼앗길 따름이다. 또한 조개류는 금빛 모래 위를 기어 다니며 그 껍데기에서 무지개를 속일 정도로 여러 색을 자아내는데, 그 미려함이 마치 신선 세계의 낙원을 보는 듯하다.

제32과 나가사키 1

나가사키長崎는 규슈九州의 서쪽 끝, 히젠코쿠肥前國 소노기군彼杵郡에 있다. 그 삼면은 구릉이 이어져 있고 큰 바다로부터 항구 안으로 들어오는 곳에는 수많은 섬이 만灣의 입구 쪽에 자리 잡고 있는

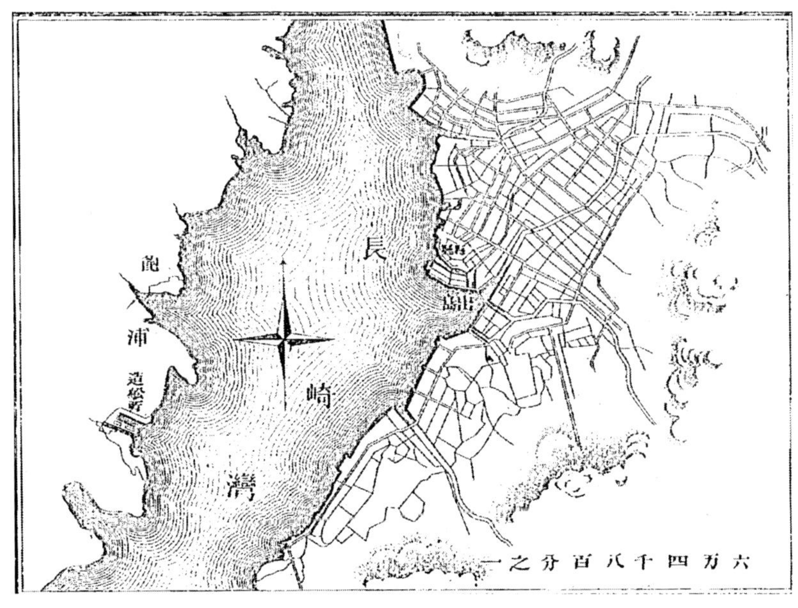

나가사키(1/64,800)

데 그 간격이 2리里(약 790m) 정도이다. 만은 모두 동서 13정町(약 1.417km), 남북 1리里(약 3.93km)로 바람과 파도로부터 안전하다. 실로 천연의 양항良港이라 하겠다.

시가지는 만의 동쪽 해안에 있고 바다를 따라 서쪽을 바라보며 구릉 사이에 펼쳐져 있다. 마을 수는 87개로 인구는 3만 3천여 명이다. 이 지역에 나가사키 현청縣廳이 있다. 데지마出島[1]는 옛날에 바다 한 가운데에 만든 네덜란드인의 거류지이다. 그러나 이 지역에 거주하는 외국인은 중국인이 가장 많아졌다.

시에서 제조하는 물건은 대단히 적다. 절초刻烟草,[2] 가라스미[3] 외

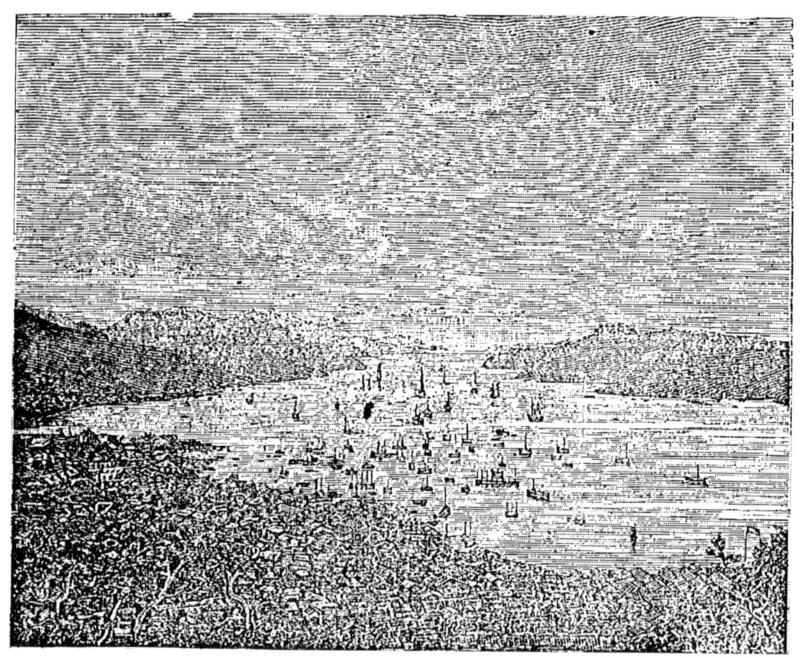

나가사키 시가

1) 1634년 에도막부의 쇄국정책의 일환으로 만들어진 부채형의 인공 섬으로, 면적은 3,960평이다.

2) 잎을 잘게 썰어 파이프에 넣어 피는 담배.

3) 숭어의 난소를 염장해서 건조시킨 것.

에 못, 바늘, 선향과 같은 약간의 제품이 있을 뿐이다. 다만 만의 입구에 있는 다카시마高島의 석탄갱에서는 양질의 석탄이 무척 많이 생산되어 내외의 기선용으로 제공된다. 이 천연의 양항에 있는 탄갱은 이 항구의 번성을 유지하는 기반이다. 또 나가사키 시가지의 맞은편 해안에는 아쿠노우라飽浦 조선소가 있다. 도쿠가와德川가 처음 만든 곳으로 그 규모가 대단히 넓고 크다.

제33과 나가사키 2

나가사키는 우리나라에서 가장 오래된 개항장으로, 외국과의 교역은 물론이거니와 학문, 종교, 기예 등이 우리나라에 전래된 것처럼 무릇 외국과 관련된 것들은 이 항구를 거치지 않은 것이 거의 없다. 그래서 나가사키에 관한 사정을 아는 것은 곧 우리나라의 옛날 외교사정 학습의 첫걸음이 될 것이다.

우리나라와 중국, 조선과의 왕래는 고대古代부터 있었는데 특히 무역을 위해 나가사키 항을 열어 중국인 및 유럽인과 왕래를 시작한 것은 300여 년 전이다.[1] 1562년(에이로쿠永祿 5년) 명나라의 상선이 나가사키, 고토五島, 히라도平戶 등지에 와서 무역을 했다. 이를 중국인이 나가사키에서 통상한 첫 사례로 삼는다. 그 후 8년이 지나 1570년(겐키元龜 원년) 명나라의 상선이 나가사키에 와서 이 지역에서 무역하기를 청했다. 이미 포르투갈 선박 한 척이 항구 후쿠다福田라는 곳에 표류했다가 나가사키가 양항인 것을 보고 서로 시장으로 정할 것을 약조하고 돌아갔기 때문에, 이듬해 오무라 스미타다大村純忠가 나가사키의 시가에 여관을 세우고 다카키高来, 오무라

1) 이 문장부터 87쪽 104쪽 16행까지는 문부성 편집국 소장판을 따랐다.

大村, 히라도平戶의 상인을 이곳에 이주시켰다. 이때부터 외선의 왕래가 끊이지 않았기 때문에 나가사키의 인가人家는 나날이 늘고 시가지도 점차 넓어졌다.

이보다 앞선 덴몬년간天文(1532~1555년)에 포르투갈인 3명이 중국인과 함께 다네가시마種子島에 와서 무역을 청하며 또한 총 한 자루를 섬주 도키타카時堯에게 기증하고 화약제조법을 전했더니 도키타카가 크게 기뻐하며 은자 천 냥을 사례로 주었다고 한다. 이것이 총포 전래의 기원이다. 그때 분고노쿠니豊後國의 우두머리인 오토모 소린大友宗麟은 이를 듣고 사신을 다네가시마에 파견해 포르투갈인 중 한 사람을 초빙하여 화약제조법을 연구했다. 이에 소린은 포르투갈인에게 분고豊後에 와서 교역하는 것을 허가한다고 전했다. 이로써 유럽인과의 교역이 시작되었다.

그 후 1580년(덴쇼天正 8년)에 이르러 영국인이 처음으로 히젠히라도肥前平戶에 와서 영주 마쓰라 다카노부松浦隆信와 통상 교역을 하기로 약조했다. 이때부터 매년 물품을 갖고 와 교역이 대단히 성했다. 연이어 스페인선박 또한 와서 교역을 해 포르투갈과 서로 경쟁하는 상황이 되었다. 도쿠가와시대에 이르러 네덜란드 또한 와서 통상하기를 청했기 때문에 히라도에서 교역하는 것을 허락했다. 이로 인해 우리나라 사람이 그 나라에 왕래하는 일 또한 적지 않았다고 한다. 그 오토모 소린은 내지內地[2]에서 무역을 했을 뿐 아니라 그 자제 두 사람을 사절로 보냈는데, 이들이 포르투갈 선박을 타고 스페인, 포르투갈, 이탈리아 등지에 이르자 어느 곳이나 이들을 우대하며 군주의 예로서 맞이했다. 이 사절 일행은 나가사키를 출발한 지 6년이 지나 일본으로 돌아왔다. 그 후 다테 마사무네伊達政宗가 서남西南

---

2) 홋카이도와 오키나와를 제외한 일본 국내 지역을 가리킨다.

지역을 공격하고자 새로이 거함을 만들고 그 신하인 하세쿠라 로쿠에몬쓰네나가支倉六右衛門常長에게 명령해 해외 여러 나라의 동정을 살피도록 했다. 쓰네나가 등은 태평양을 항해해 멕시코에 이르렀으며 나아가 대서양을 건너 스페인, 포르투갈, 로마 등 여러 나라에 다다른 뒤 수년 후에 돌아왔다고 한다.

그 후 간에이년간寬永(1624~1644년)에 이르러 천주교耶蘇教 신자가 히젠 아리마肥前有馬의 고성에 기거하며 난을 일으키자 나아가 엄격히 천주교를 금지했으며, 외국 선박의 입항 역시 허락하지 않았다. 네덜란드 한 나라만 전공戰功을 세웠기에 그 통상을 허가하고 해외 여러 나라의 사정을 보고하도록 했다. 이어 히라도의 네덜란드 공관을 폐지하고 나가사키의 데지마出島로 옮겼다. 데지마는 일찍이 포르투갈인이 거류했던 곳이다. 이로써 중국, 네덜란드와의 교역은 나가사키의 한 항구로 한정했으며 설령 풍랑을 만나 다른 지역의 해안에 표류해도 모두 구조해 나가사키로 보냈다. 때문에 나가사키는 옛날에 비해 훨씬 번성해 그중 특히 중국과의 교역만 더욱 활발히 이루어져 선박의 출입도 매년 50~60척에 이르렀다. 처음에는 중국의 상인 모두가 시 안에 혼거하며 교역했으나 갖가지 폐해가 있어 겐로쿠년간元禄(1688~1704년)에 이르러 막부의 명으로 당관唐館[3]을 짓고 이로써 중국인을 한 곳에 거주하게 하였다. 이렇게 중국과의 교역이 성행함에 따라 중국인이 귀화하여 나가사키에 사는 자도 적지 않았다. 하씨何氏, 왕씨王氏, 노씨盧氏, 정씨鄭氏오씨吳氏, 양씨楊氏, 영천씨穎川氏, 팽성씨彭城氏, 거록鉅鹿氏, 하문씨河聞氏 같은 성이 그 예이다.

3) 중국인 거류지.

제34과 나가사키 3

지금의 중국황제의 선조는 만주에서 일어난 사람으로 2백 년 전에 명조明朝를 멸망시키고 중국을 통일하여 국호를 청이라 고쳤다. 당시 명의 사신 중에 정지룡鄭芝龍이라는 사람이 있었는데 명조를 복원시키고자 해도海島에 출몰하며 때를 기다리면서 상선을 타고 우리나라에 와 히젠肥前의 고도五島, 히라도平戶, 나가사키長崎 등지를 여러 차례 유람하기도 했다. 그렇게 히라도에 있을 때 다가와田川 집안의 여인을 맞아 남자아이 2명을 낳았다. 형은 후에 정성공鄭成功이라고 불렀고 동생은 시치자에몬七左衛門이라 하였다. 정지룡은 무리를 모아 중국의 천주泉州, 장주漳州를 공격하여 점령하고, 이윽고 복건성福建道을 병합하여 복주성福州城을 세웠는데, 그 세력이 매우 성대해져 사람을 보내 히라도에 있는 처자식을 데려오려 했으나 아내와 시치자에몬은 머무르며 가지 않았다. 정성공은 당시 7살이었지만 홀로 그리로 향하였다. 아내도 후에 시치자에몬을 남겨두고 결국 그 지역으로 건너갔다.

청나라의 병사는 그 후 짐차 세력을 얻어 정지룡의 무리를 토벌하고 결국 복주성을 함락하였다. 이때 정성공의 어머니가 "내가 일본을 떠나 이곳으로 온 것은 자손의 번영을 보려고 한 것이다. 늙어서 이제와 이러한 난을 만나니 무슨 면목이 있어 다른 이들을 보겠느냐."라고 말하며 성루에 올라가 자해를 하고 아래 하천으로 떨어져 죽었다. 청나라 병사는 이를 보고 일본여인의 모습이 이렇다면 일본남자의 용맹을 보지 않아도 알 수 있다며 혀를 내두르지 않는 자가 없었다. 이미 정지룡은 청에 항복했지만 정성공은 이를 떳떳지 않게 생각하며 하문厦門이라는 섬에 한 성을 축조하고 스스로 이곳에 거주하며 타이완臺灣도 공격해 영지로 삼았다. 그렇지만 명조를 재건하려는 마음이 깊어졌기 때문에 하문의 이름을 고쳐 사명주思明州라고 불렀는데 이는 명조를 그린다는 의미이다. 또한 타이완의 이름을 고쳐 동녕東寧이라 칭한 것도 일본을 축복한다는 뜻에서 유래한 것이다.

정성공은 종종 청나라 군대와 싸워 그 위명威名을 높이 떨쳤으나 간분년간寬文(1661~1673년)에 이르러 결국 동녕에서 병사했다. 그때 나이 서른아홉이었다. 그의 아들 금사錦舍는 남겨진 땅을 물려받아 동녕을 통치하며 청나라 조정을 더욱 따르지 않았다. 그가 죽자 그의 아들 주사奏舍는 더더욱 청조淸朝를 따르지 않았으나 청조의 권위는 날로 성했기에 결국에는 동녕을 내어주고 청조에 항복해 동해왕東海王으로 봉해졌다. 정성공이 처음 뜻을 천명하고 병사를 일으킨 후 3대, 약 38년 만에 멸망한 것이라 한다.

처음 네덜란드인이 동양과 교역할 때에는 자바섬Java을 근거지로 삼았고 또한 타이완에 주인이 없었기 때문에 성을 축조해 이곳을 근거지로 삼았다. 때로 나가사키의 사람인 스에쓰구末次 아무개 등이 타이완에 가 교역했는데 네덜란드和蘭 가피탄甲比丹[1]에게 모욕을 당해 나가사키에 돌아와서 용사를 모집하고 다시금 이에 보복하려

1) 포르투갈어로 에도시대 동인도회사가 일본에 설치한 상관(商館)의 최고 책임자를 가리킨다.

했다. 하마다 야효에濱田彌兵衛라는 자가 있었는데 이를 듣고 동생 하마다 신조濱田新藏와 함께 그 모집에 응하여, 상선을 타고 타이완에 가 교역하기를 청했다. 가피탄을 알현하게 되자 갑자기 일어나 그를 위협하고 일전에 스에쓰구 등에게 무례했던 바를 추궁하였다. 가피탄은 놀라 어찌할 바를 몰라 하며 자신의 아들을 볼모*로 내어주고 진심으로 사과하였다. 이때부터 네덜란드인이 우리 백성을 두려워하며 감히 예를 잃는 일이 다시는 없었다.

시마바라島原의 도적을 평정한 후에 마쓰다이라 이즈노카미노부쓰나松平伊豆守信網[2]가 나가사키에 가 항구를 순찰하였다. 그 지세는 노모자키野母岬가 멀리 바다로 돌출되어 있어 외국선의 입항을 감시하기 편리한 곳으로 산 정상에 망루遠見番所를 두었으며, 또 오노야마斧山 위에도 봉화대*와 망루遠見番所를 두어 경계하여 알릴 일이 생기면 봉화*를 들어 이웃 지역의 여러 번에 알렸다. 여러 번藩에서 이 봉화를 보고 산들이 서로 이어받아 3일 만에 에도江戸에 도달하게 했다. 또한 구로다黒田, 나베시마鍋島 두 후작에게 나가사키의 방어를 명했다. 이후 네덜란드의 가피탄이 매년 한 번 에도에 와서 장군 알현을 통상례로 했다. 이 때문에 통사通事를 두긴 했지만 그 글자를 배우고 책을 읽는 것을 허락하지 않고 다만 대화를 기록하게 할 뿐이었다. 또한 5년에 한 번 알현하기로 정했다.

이후 장군 도쿠가와 요시무네吉宗가 네덜란드인이 천문, 지리에 정통함을 알고 또한 그 서적을 보고 그림의 세밀함에 감탄하여 아오키 분조青木文蔵, 노로 겐조野呂玄丈에게 명해 네덜란드 서적을 읽게 했다. 분조는 이에 나가사키로 가 네덜란드인과 통사에게 네덜란드 서적을 상습받았다.[3] 또한 통사 니시 젠자부로西善三郎, 요시

---

2) 문부성 편집국 소장판에는 '松平越中信網'으로 표기되어 있다.

오 고사쿠吉雄幸作 등도 관의 허가를 받고나서야 그 문자를 배울 수 있었다. 난학은 아라이 긴미新井君美가 시작했지만 네덜란드 서적을 처음으로 배운 것은 분조이다. 시마바라島原의 난[4]이 일어난 뒤 양학洋學을 일체 금지했으나 108년이 지나 양학이 다시 부흥하기에 이른다. 마에노 료타쿠前野良澤라는 사람이 분조에 이어 난학을 배웠으며 또한 나가사키에서 유학하였다. 그 후 의술을 업으로 하는 사람은 난학을 배우기 위해 나가사키로 유학을 가는 사람이 많았다. 그러므로 우리나라의 양학은 그 기원이 나가사키에서 시작되었다고 할 수 있을 것이다.

이후 안세이년간安政(1854~1860년)에 이르러 미국 선박이 들어와 외국과 널리 교역을 하게 되고 요코하마橫濱, 하코다테函館 및 나가사키가 교역장으로 정해져 옛날에 비해 번성함이 다소 쇠퇴하는 듯했다. 그러나 각 항구에 출입하는 선박 총 수의 3분의 1을 차지하여 여전히 지난날의 체면을 유지하고 있다.

* 볼모(質): 인질을 말한다.
* 봉화대(烽火臺): 신호불을 올리는 장소이다.
* 봉화(狼烟)

3) 난학을 배우고 돌아와 본격적으로 난학을 가르쳤다.
4) 1637년 시마바라에서 천주교를 믿는 농민들이 중심이 되어 일으킨 봉기사건.

제35과 서적

서적은 어떠한 것인가? 바로 고금 사람들의 언행, 사상, 지식 등을 모은 것이다. 고로 서적은 사진과 다를 바 없다. 이 사진이 고금 사람들의 면모를 옮겨 담은 것은 아니지만 그 행동한 것, 생각한 것, 발명한 것 등을 세밀하게 옮겼음은 말할 필요도 없다. 이는 통상의 사진에서는 바랄 수 없는 점이다.

이처럼 서적은 고금 사람들의 언행, 사상, 지식을 담아낸 사진이므로 이를 애독한다면 자신에게 도움이 되고 사람을 크게 이롭게 할 것이다. 그 이익과 필요는 나침반*에 비할 수 있다. 지금 배를 타고 만 리의 파도를 넘기 위해 의지할 것은 오로지 나침반뿐이다. 생업을 영위함에도 또한 의지할 곳이 없어서는 안 될 것이다. 서적은 또한 고금 만국과 왕래할 수 있는 길이다. 만약 그 길을 따르지 않으면 결코 고금 만국의 사정에 정통할 수 없다.

인간이 저술한 서적은 그 이익이 이와 같이 크지만 우리들은 다른 사람의 저서를 읽는 것에만 만족해서는 안 된다. 나아가 스스로 유익한 책을 써서 만세불후萬世不朽의 사업을 도모해야 한다. 유익한 책은 한 세대와 한 시대의 사람을 이롭게 하는 것뿐만 아니라 자손, 후세 또한 대단히 이롭게 한다. 그러므로 유익한 책을 쓰는 것은 유익한 발명을 하는 것과 그 공적이 조금도 다르지 않을 것이다. 그리고 그 서적과 자신의 이름을 후대까지 빛내어 소멸되지 않게 하는 것 또한 유쾌한 일이 아니겠는가?

* 나침반(羅針盤): 자석을 말한다.

제36과 차 이야기

차는 제군들이 알고 있는 바와 같이 우리들이 매일 마시는 것으로 빈부귀천을 막론하고 차를 싫다고 하는 사람은 거의 없습니다. 그런데 이 차라는 것은 일본뿐 아니라 중국은 물론 외국에서도 일상적으로 마시는 것인데, 일본에서 마시는 것과 같은 차를 마시지 않는 나라에서는 차와 비슷한 식물의 잎이나 열매로 만든 것을 마십니다. 어떤 서양인은 커피Coffee라는 나무의 열매를 가루로 하여 마시고 또한 어떤 나라에서는 콜라Kola라는 식물로 만든 것을 이용하며, 그밖에도 다양한 것을 마시는 나라가 있다*고 합니다.

이와 같이 동서 각국의 사람들이 약속이라도 한 것처럼 예로부터 차 또는 커피 등과 같은 종류를 음료로 삼았다는 것은 실로 기이한 일이 아니겠습니까? 이처럼 여러 나라 사람들의 기호가 같은 이유가 무엇인지 알아보자면 옛날 중국의 신농神農이라는 사람이 갖가지 풀을 맛보고 이것은 어떤 병에 효과가 있고 저것은 어떤 약이 되는지를 알았던 것처럼, 여러 나라의 사람들이 차나 커피를 맛보고 속이 괜찮은지 또는 기분이 상쾌해졌는지 하는 것을 본 결과 이렇게 일반적인 차를 마시게 된 것이겠지요. 그러므로 사물을 스스로 직접 접해 보고 그 달콤함, 씁쓸함을 알게 되는 것은 하나의 학문이며 오늘날의 고상한 이학理學도 모두 이와 같이 단순한 학문의 시기를 거쳐 축적된 것입니다.

그런데 차나무는 어떤 식물인가하면 이는 상반목常磐木이라고 하여 겨울에도 잎이 마르지 않고 이듬해 새로운 싹이 나올 때까지 오래된 잎이 남아 있는 나무로 이것을 옮겨 심고 나서 3년째에 비로서 싹을 딸 수 있는데, 이 싹을 따는 시기는 대개 5월 초순경으로 첫 번째 싹을 따고 30일 정도 지나 또 두 번째 싹을 땁니다. 고급 차는 첫 번째, 두 번째 딴 부드러운 싹으로 만드는 것으로, 세 번째, 네 번째 딴 잎은 상당히 질겨 하급 차가 될 수밖에 없습니다.

차를 어떻게 만드느냐 하면, 우선 가마에 물을 8할 정도 넣어 끓여 나무 찜통 안에 생 차 싹을 넣어 가마 위에 얹어 한동안 쪄서 그것을 돗자리 위에 펼쳐 식힌 후에 건조장焙爐場으로 보냅니다. 건조장에는 건조로焙爐 한 면에 조탄助炭[1]이라는 것이 있어서 차를 그 위에 올려 양손으로 몇 번이나 비비면서 모으거나 흩트려 말린 후, 다시 불기운이 매우 약한 건조로 위에 하룻밤 올려두고 완전히 말립니다. 그 후 찻잎의 좋고 나쁨을 선별하여 나누어 두고 다시 건조로에서 말려 이것을 삼나무 상자나 또는 항아리 안에 넣어 공기가 들어가지 않도록 하여 저장해 둡니다.

이렇게 만든 고급 차에는 반드시 향미가 있습니다. 그 향미가 왜 있는가 하면 이는 차에 일종의 기름이 함유되어 있기 때문입니다. 그 차를 즐기는 사람이 차를 너무 마셔 두통으로 괴로워하거나 어지럼증 등을 일으키거나 또는 차 상자나 차 주머니 등을 취급하는 장인이 졸도, 중풍 같은 병에 걸리는 것은 이 기름의 기운으로 인해 일어나는 것입니다. 그러나 차는 그밖에 테인Theine이라는 것을 함

---

1) 화로에 씌워 화기를 좋게 하는 도구이다.

유하고 있어서 이것이 사람의 정신을 활발, 상쾌하게 합니다만, 너무 많이 마셨을 때에는 밤에도 잠을 제대로 잘 수 없게 됩니다. 이는 제군들이 잘 알고 있는 것이겠지요. 또한 차는 근육이나 혈액의 소모를 방지하는 것으로 차를 마시는 사람은 차를 마시지 않는 사람보다 평상시에 먹는 음식이 적어도 역시 몸은 건강합니다. 그렇기 때문에 서양인에 비해 자양滋養이 적은 담백한 음식을 먹는 일본인에게 더욱 더 차는 필요한 것이라고 생각됩니다.

어느 서양 서적에 차에 관해 재미있는 옛날이야기가 실려 있어서 여기에 발췌하여 이야기하겠습니다.

중국에 한 도련님이 있었는데 인도에 건너가 불도에 귀의하여 몇 해 수행한 후 본국으로 돌아와 땀을 흘리며 연구한 불도를 알리고자 하여 넓은 들판에 서서 설법을 했는데, 그 설법이 수일 밤낮으로 계속되자 정신이 아련해지며 자꾸 졸음이 왔습니다. 그래서 그 도련님은 이래서는 안 되겠다며 두 눈을 도려내어 옆에 던져 버렸는데 이것이 어찌된 일인지 이 두 눈에서 갑자기 한 그루의 나무가 자라났습니다. 그런데 그 도련님은 눈을 도려내서 잠깐은 졸음을 막았지만 눈이 없다고 해서 졸음이 사라지는 것이 아니기 때문에 조금 지나자 또 졸음이 오고 전보다 심해져 이를 감당할 수 없게 되었기에 시험 삼아 방금 싹튼 나뭇잎을 따서 씹었더니 신기하게도 기운을 원래와 같이 회복해 완전히 졸음을 잊었다는 이야기입니다만, 이 나뭇잎이야 말로 오늘날 세상 사람이 입을 모아 칭찬하는 차를 말하는 것입니다.

이 이야기는 차의 효능을 발하기 위해 지어낸 이야기로 모두 믿기는 어렵지만 차는 우리나라의 전체 생산물 중 으뜸가는 것이기 때문에 여러분은 그 성질이나 제조법을 연구해 더욱 그 발전성을 가능하여 국익을 증대시켜야만 합니다. 또한 차라는 것은 적당히 마시면 해가 없고 효능이 있는 음료로 그 용법이나 효능을 지금부터 깊이 연구하는 것은 위생상 중요한 일입니다.

* 있다(ム): 있다는 말의 약자이다.

제37과 손의 기능

손 안에 있는 촉관觸官이라는 것은 오관五官 중에서 가장 신기한 것으로 그 모습은 여러 가지 일들에서 뚜렷하게 나타납니다. 다른 역할을 하는 여러 기관은 모두 수동적이지만 이 촉관만은 능동적인 작용을 합니다. 눈이나 귀, 코는 단지 열려만 있으면 빛이나 소리, 향이 그 속으로 들어가 반드시 그것을 보거나 듣거나 냄새 맡거나 해야 합니다. 그런데 손은 무엇이든지 만지고 싶다고 생각하면 만져 보고 또한 갖고 싶다고 생각하면 가서 집어 어떻게든 자기 마음대로 합니다.

손은 싫어하는 물건을 스스로 내던져 버리고 또한 좋아하는 물건이라면 자신 쪽으로 끌어당깁니다. 눈은 싫은 물건이라 하더라도 그것을 피해서 보지 않을 수도 없고, 귀는 소란스럽고 시끄러운 소리가 들려도 듣지 않을 수 없으며, 코도 이와 같아 아무리 나쁜 냄새라도 냄새를 맡지 않을 수 없습니다. 이것이 손이 눈이나 귀나 코와는 다른 점입니다.

그런데 또한 손은 자신의 용무를 볼 뿐만 아니라 만일 다른 여러 기관이 고장이 나 역할을 할 수 없게 되면 그것을 대신할 수도 있습니다. 시각장애인盲人의 손은 그 눈이 되어 길을 안내[1]해 나쁜 길도 무사히 지나가게 합니다. 또한 친구가 오면 손을 서로 마주 잡고 그 사람이 친절한 모습으로 인사하는 것을 눈을 대신해 보여 줍니다. 또한 서적 등도 손가락 끝으로 묵독해 긴 시간을 잊을 만큼 즐겁게 해줍니다.

또한 손은 청각 장애인聾者*을 위해서도 역시 이와 같이 잘 안내합니다. 그렇기 때문에 말할 수 없고 귀가 멀었을 때에는 손가락이 이를 충분히 대신하여 눈에 말하여 평소 눈에는 익숙지 않은 청취의 역할을 할 수 있게 해 줍니다.

설령 다른 모든 기관이 매우 만족스럽다 하더라도 충분히 기능하기 위해서는 손의 도움을 받아야만 합니다. 그래서 눈을 위해 손이 눈의 모형을 본 떠 망원경을 만들고 그것으로 별이 있는 매우 먼 곳도 볼 수 있게 해 줍니다. 또한 같은 원리로 다른 모형을 만들어 현미경으로 해 이것으로 매우 진귀한 신세계의 모습도 보여 줍니다.

손은 또한 귀를 위해 소리를 알려주는 도구를 만들어 귀가 듣는 힘을 충분히 발휘할 때까지 그 도구를 울려서 이를 들려줍니다. 혹은 코를 위해서 맡고 싶은 향기를 가진 꽃을 꺾거나 또는 그 꽃을 증류기蒸餾器*에 걸어 향기를 담아 이를 맡게 합니다. 또 혀에 관해 말하자면 만일 지금 손이 그 역할을 하지 못한다면, 소위 음식의 맛을 즐기는 귀인이라 하는 혀는 그 품격을 잃을 것입니다. 결론부터 말하자면 촉관은 그 동료인 모든 기관의 신하이며 조금도 불평하지 않고 모두를 잘 섬기는 기관입니다.

또 손이 인간의 재주와 지혜, 기능, 용기, 애정을 잘 드러나게 하는 수단이 되는 것도 실로 대단한 일입니다. 지금 이 손에 검을 쥐

1) 원본에는 '按內'라고 표기되어 있으나 '案內'의 오식으로 보인다.

어줘 보십시오. 인간을 위해 적과 싸우겠지요. 이 손에 가래를 건네 보십시오. 인간을 위해 밭을 갈겠지요. 이 손에 거문고를 잡게 해 보십시오. 인간을 위해서 켜서 들려주겠지요. 이 손에 그림붓을 들게 해 보십시오. 인간을 위해 그림을 그리겠지요. 이 손에 붓을 들어 보게 하십시오. 인간을 위해 담판도 짓고 변명도 하고 기도도 하겠지요.

무릇 손으로 할 수 없는 것은 무엇이며 또 지금까지 손으로 할 수 없었던 것은 무엇일까요? 증기 장치 같은 것도 이를테면 긴 손이라고까지 이야기할 수 있는 것으로 이는 인간의 작은 손을 빌려 자신의 힘을 확장시켰을 따름입니다. 전신電信 기계도 사람이 손으로 쓰는 것을 대신하는 것으로 다만 그 손보다도 길 뿐입니다. 또한 오늘날에는 대포, 그 외 무기의 제조가 성행해 우리 수많은 동포를 죽이는 일이 날로 교묘해졌습니다만, 이는 역시 카인Cain*이 손으로 저지른 것에 비해 크고 강하며 게다가 처참하기까지 합니다.

그렇다면 또 배, 철도, 등대, 궁전, 큰 도시, 지구상의 모든 도시, 아니 지구 규모에서 말하자면, 이렇게까지 사람의 힘으로 다양하게 변화를 시킬 수 있는 것은 결국 그 하나의 위대한 손에서 생겨난 것입니다.[2] 그것을 손에 비유해 보자면 전 세계의 인류가 모여서 하나의 위대한 인간이 되어 자신의 마음에 떠오르는 일을 행하는 것이라고 말할 수밖에 없을 것입니다.

일반적으로 좋은 일과 나쁜 일의 구별 없이 인간의 손으로 이룬 모든 일을 생각할 때에는 스스로 나의 손을 들어 똑바로 쳐다보면서 '이것이 얼마나 좋은 일을 하는 도구인가!' 하고 감탄을 하게 됩니다. 그리고 그 손은 종일 조금도 쉴 틈 없이 반드시 무엇인가를

2) 14행부터 19행(본문 125쪽 2행부터 8행)까지는 원문에 '이다체'(일본어 보통체)로 표기되어 있지만, '입니다체'로 번역해 본문의 문체를 통일했다.

하고 있지 않습니까. 그런데도 세상에서 손작업을 하는 사람이라고 하면 대단히 고생스러운 일을 하는 무리만을 가리켜 말하는 듯이 생각되지만 실은 그렇지 않습니다. 무릇 남녀 가리지 않고 정직하게 모든 것을 노력하고 행하는 사람은 누구나 모두 손작업을 하는 사람이라고 해도 좋습니다.

목수가 손에 드는 것은 톱이요. 대장장이가 손에 드는 것은 망치요. 백성이 손에 드는 것은 가래요. 광부가 손에 드는 것은 괭이요. 사공이 손에 드는 것은 노요. 화가가 손에 드는 것은 붓이요. 조각가가 손에 드는 것은 끌이요. 시인이 손에 드는 것은 붓입니다. 그 외 사람마다 모두 그 손으로 다루는 도구가 있습니다. 이에 모든 인간이 깨달아야 할 교훈이 하나 있습니다. 그 말은 "무릇 당신이 손으로 이루어야 할 몫은 모두 당신의 힘을 쏟아 잘 이루어야 내야 한다."는 것입니다.

* 카인: 성경에 적힌 사람의 이름으로 동생을 죽인 자이다.
* 증류기(蒸溜器): 람비키[3]
* 청각장애인(聾者)

고등소학독본 권1 끝.

3) 'alambique'라는 포르투갈어로 술, 향수 등을 증류하는데 쓰던 기구를 뜻한다.

1869년 6월 2일 판권소유신청
1888년 5월 25일 출판
1888년 11월 28일 재판

문부성 총무국 도서과 소장판

발매처 대일본도서회사
도쿄시 교바시쿠 긴자 1-22번지
발매처 도시샤
오사카시 히가시쿠 가미난바 미나미
노마치 72번지

(정가 일금 16전)

高等小學讀本 一
원전

明治廿年六月廿日版權所有屆
明治廿一年五月二十五日出版
明治廿一年十一月廿八日再版

文部省總務局圖書課藏版

東京市京橋區銀座壹丁目廿二番地
發賣所　大日本圖書會社

大坂市東區上難波南ノ町七十二番屋敷
發賣所　仝　支　社

（定價金拾六錢）

マス。ソコデ、一切ノ人間ノ心得ニスベキ訓ガ一ケ條アリマス。其言ニハ、「凡ソ、汝ノ手ヲ以テ爲スベキ分ノモノハ、總テ、汝ノ力ヲ入レテ、ヨク爲セ」ト云フコトデムリマス。

ケーン　西經ニ書シタル人ノ名ニシテ、弟ヲ殺シタル者ナリ。

蒸餾器　ランビキ。

聾者　ツンボ。

高等小學讀本卷之一終

云ウテ、歎息シマス。サウシテ、其手ハ、終日、少シモタエマナク、必ズ何ヲカ爲スデハゴザラヌカ。シカルニ、世間デ、手仕事スル人ト云ヘバ、ヒドク骨折リ業ヲスル輩ノミヲ指シテ、申ス樣ニ思ハレマスガ、實ハ、左樣デナイ。凡ソ、男女ノ差別ナク、正直ニ物事ヲ勉メ行フ者ハ、何レモ皆手仕事スル人ト申シテ宜シウムリマス。

大工ノ手ニ持ツニハ、鋸アリ。鍛冶屋ノ手ニ持ツニハ、椎アリ。百姓ノ手ニ持ツニハ、鋤アリ。坑夫ノ手ニ持ツニハ、鍬アリ。船頭ノ手ニ持ツニハ、橈アリ。畫師ノ手ニ持ツニハ、畫筆アリ。彫刻師ノ手ニ持ツニハ、鑿アリ。詩人ノ手ニ持ツニハ、筆アリ。其他、人ゴトニ、何レモ皆其手ニテ扱フ道具ガアリシカモ慘イト云フマデヾ厶リマス。

サテ、又舟ナリ、鐵道ナリ、燈臺ナリ、宮殿ナリ、都府ナリ、地球上全体ノ都府ナリ、イヤ、第一ニ其地球カラシテ、何デアルゾト云フニ、斯クマデ、人ノ力ニテ、種々變化セシメタルハ、ツマリ彼一ツノ大イナル手カラ、出來タモノダ。其手ヲ譬ヘテ見レバ、全世界ノ人類ガ、集リテ、獨ノ大イナル人トナリテ、己ノ心ニ思フ事ヲ、行ヒタルモノダト申スノ外ハ、厶ルマイ。

凡ソ、善イ事ト惡イ事トノ差別ナシニ、人間ノ手デナシタル總テノ物事ヲ考フル𪜈ニハ、我ナガラ、吾手ヲ揭ゲテ、キツト眺メ見テ、是ハ、如何ナル善イ事ヲスル道具ナルゾトセテ見玉ヘ。人間ノ爲ニ、畫ヲカキマセウ。是ニ筆ヲ持タセテ見玉ヘ。人間ノ爲ニ、談判ヲモシ、言譯ヲモシ、祈リモシマセウ。

凡ソ、此後、手デ出來マイト云フモノハ、何デゴザルゾ、又是マデ、手ニテ出來ナカリシ物ハ、何デゴザルゾ。蒸氣仕掛ノドモ、ツマリ長キ手ト云フマデノヿニテ、人間ノ小キ手ヲ借リテ、已ガ力ヲ廣ゲタマデノヿデアリマス。電信器械モ、人ノ手デ書クニ代ヘタル手デ、唯ソレヨリモ、長イト云フ分ノヿ。又、今日ハ、大砲、其他、武器ノ製造ガ、盛ニナリ、我億兆ノ兄弟ヲ殺スヿガ、益、巧ミニナリマシタガ、是トテモ、矢張ケーン(Cain)ノ手ニシテ、ソレニ比ブレバ、大クテ強クテ、リ、又ハ、其花ヲ蒸餾器ニカケテ、香氣ヲ取リテ、是ニ嗅ガセマス。サテ、又舌ニ付イテ申サバ、若シ今、手ガ、ソノ用ヲ達シマセヌ𪜈ニハ、舌ハ、物ノ味ヲシメル殿樣ヂヤト申ス品格ヲ失ヒマセウ。早ク申セバ、觸官ハ、其仲間ノ諸官ノ家來デアリマシテ、少シモ、物ヲ言ハズニ、能ク皆ニ事ヘマスル手廻リノモノデムリマス。

又其手ガ、人間ノ才智ヤ、働ヤ、勇氣ヤ、愛情ヲ著サスル手段トナルモ、亦實ニ限リナク大ナルヿデアリマス。今、是ニ劍ヲ授ケテ見玉ヘ。人間ノ爲ニ、敵ト戰ヒマセウ。是ニ鋤ヲ渡シテ見玉ヘ。人間ノ爲ニ、田ヲ耕シマセウ。是ニ琴ヲ授ケテ見玉ヘ。人間ノ爲ニ、彈イテ聞カセマセウ。是ニ畫筆ヲ持タ辯舌ヲ以テ、目ニ話シ、目ニハ、平生慣レザル聽キ取リノ役目ヲ勤ムルヿノ、出來ル樣ニシテヤリマス。

他ノ一切ノ機關ハ、假令、極滿足ナルヰデサヘ、十分ニ働カスルニハ、手ノ助ヲ受ケヌ譯ニハ參リマセヌ。ソコデ、目ノ爲ニハ、手ガ、目ノ模型ヲ拵ヘテ、遠目鏡ト爲シ、ソレニテ、極遠イ星ノ居場所モ、伺ハセマス。又同ジ工夫デ、他ノ模型ヲ造リテ顯微鏡トナシ、是ニテ、イカニモ珍シイ新世界ノ有樣ヲモ見セマス。

手ハ、又耳ノ爲ニハ、ソレヲ教ヘコム道具ヲ造リテ、耳ガ、物ヲ聽ク力ノ、十分ニ發スルマデ、其道具ヲ鳴ラシテ、是ニ聞カセマス。或ハ、鼻ノ爲ニ、其嗅ギタイト思フ花ヲチギリト目ヤ、耳ヤ、鼻トハ、違フ所デアリマス。

サテ、又手ハ、自分ノ用ヲタスバカリデナク、若シ他ノ諸官ガ、役目ヲ勤ムルニ、故障ガ、出來テ、用ヲナサヌ時ニハ、ソレニ代リテ、其役目ヲモ勤メマス。盲人ノ手ハ、其目ニナリテ、往來ヲ按内シ、路ノ惡キ處モ、無事ニ通ラセマス。又朋達ガ來レバ、手ヲ握リ合ウテ、其人ガ、親切ノ様子デ會釋ヲスルゾト云フヿヲ、目ニ代リテ見セテヤリマス。又ハ、書物ナドヲモ、指ノリキデ默讀シテ、長キ時間ヲ忘ルヽマデ、樂マセテヤリマス。

又手ハ、聾者ノ爲ニモ、矢張リ、此ノ如クニ、善ク案内ヲシマス。去レバ、口ガキケズ、耳ガツブレタ時ニハ、指ハ、十分ナルデアリマスケレド、此觸官バカリハ、働キカケノモノデアリマス。目ヤ、耳ヤ、鼻ハ、唯明イテサヘ居レバ、光ヤ、聲ヤ、香ガ、其中ヘ這入リマスト、是非ソレヲ見タリ、聞イタリ、嗅イダリシナケレバナリマセヌ。然ルニ、手ハ、何デモ觸レタイト思ヘバ、觸レテ見、又欲シイト思ヘバ、往イテ執ヘマシテ、イカニモ、自分ノ勝手ニ致スモノデ厶リマス。

手ハ、嫌ヒナ物ヲバ、自分デ投ゲ棄テ、仕舞ヒ、又好キナ物ヲバ、自分ノ方ヘ引キ寄セマス。目ハ、イヤナ物ニ逢ウテモ、ソレヲ避ケテ、見ヌ譯ニハユカズ、耳ハ、騷シクテ、ウルサイ聲ガ來テモ、聞カヌ譯ニハ往カズ、鼻モ、左樣デ、ドンナ惡イ臭ニ出逢ウテモ、嗅ガズニハ、居ラレマスマイ。コヽガ、手ノ、足リマセヌガ、全体茶ハ、吾國ノ産物中、第一等ノモノデアリマスカラ、諸君ハ、其性質ヤ、製法ヲ研究シテ、益、其盛大ヲ計リ、國益ヲ增サ子バナリマセヌ。又茶ト云フ物ハ、程ヨク飲メバ、無害有效ノ飲物ニテ、其用法ヤ、效能ヲ、今カラ深ク研究スルコハ、衛生上、大切ナ事柄デムリマス。

ム　ゴザルト云フ語ノ略字ナリ

第三十七課　手ノ働

手ノ中ニ、籠リテ居ル觸官ト申スモノハ、五官ノ中ニテ、一番奇妙ナモノデ、其有樣ハ、數多ノ事柄ニ著ハレテ見エマス。他ノ役目ヲスル種々ノ機關ハ、何レモ皆受ケ身ノモノトシテ、頻ニ眠氣ヲ催シマシタ。ソコデ、其坊サンハ、コハ殘念ナリトテ、兩ノ目ヲ抉リ出シテ、傍ニ投ゲ捨テシ處、コハソモ如何ニ、此兩眼ヨリ、忽チ一本ノ木ガ、生エ出デマシタ。扨、彼坊サンハ、眼ヲ抉リ出シタガ爲ニ、一時ハ、眠氣ヲ防ギタレド、眼ガナイトテ、眠氣ノナクナル譯ノモノデナク、暫クスルト、又眠氣ヲ催スヿ、前ヨリ甚ンケレバ、コハカナハジトテ、試ニ、今、生エ出デタ木ノ葉ヲ取リテ嚙ミシニ、不思議ヤ、元氣、元ノ如クニ回復シテ、全ク眠氣ヲ忘レタト云フヿデアリマスガ、此木ノ葉コソ、今日、世間ノ人ガ、モテハヤス茶ノヿデ厶リマス。

此話ハ、茶ノ效能カラ、作リ出シタモノデ、一向信ズルニハノ、耗ルヲ防グモノデ、茶ヲ飲ム人ハ、茶ヲ飲マヌ人ヨリ、平常ノ喰ベ物ハ、少ナクテモ、体ハ、矢張リ同ジ様ニ、健康ナモノデ厶リマス。サレバ、日本人ハ、西洋人ニ比ベテハ、滋養ノ少ナイ淡泊ナ食物ヲ食ウテ居マスユヱ、殊更、茶ハ、必要ナモノト思ハレマス。

或ル西洋ノ書ニ、茶ノヿニ就キ、面白キ昔話ガ、載セテアリマシタカラ、茲ニ、取リ摘マンデ、オ話シ致シマセウ。

支那ニ、一人ノ坊サンガ、アリマシタガ、印度ニ渡リテ、深ク佛道ニ歸依シ、多年、修行ノ後ニ、本國ニ歸リ、汗水タラシテ研究シタ佛道ヲ弘メンモノトテ、廣キ野原ニ立チテ説法セシガ、其説法ハ、數晝夜、打續キタレバ、精神恍惚空氣ノ、這入ラヌ樣ニシテ、貯ヘ置キマス。

斯ク、製シ上ゲタ上等ノ茶ニハ、必ズ香味ガアリマセウ。其香味ノ、アルノハ、何ダト云フニ、是ハ、茶ノ中ニ、一種ノ油ヲ含ンデ居ルカラデアリマス。彼茶ヲ嗜ク人ガ、茶ヲ飲ミ過ギテ、頭痛ヲ惱ンダリ、目マヒナドヲシタリ、又茶箱ヤ、茶袋ナドヲ取扱フ職人ガ、卒倒ヤ、中風ナド云ヘル病氣ニ、罹ルヿノアルノモ、此油ノ氣カラ、起ルノデムリマス。サレド、茶ハ、外ニテイン(Theine)ト申スモノヲ含ンデ居マシテ、是ガ、人ノ精神ヲ活潑爽快ニスルモノデアリマスガ、餘リ澤山飲ンダ時ニハ、夜モ、ロク〱眠ラレヌ樣ニナリマス。是ハ、諸君ガ、能ク御承知ノ事デアリマセウ。又茶ハ、筋肉ヤ、血液等ノ茶ハ、一番、二番ニ摘ンダ柔ナ芽カラ製スルノデ、三番、四番ニ摘ミ取リタ葉ハ、隨分強イユヱ、下等ノ茶ノ外ハ、出來マセヌ。

茶ヲ製スルニハ、如何ニスルゾト云フニ、先ヅ、釜ニ水ヲ八分目程入レテ、沸騰サセ、蒸籠ノ中ニ、生ノ茶ノ芽ヲ入レテ、釜ノ上ニ載セテ暫ク蒸シ、ソレヲ莚ノ上ニ廣ゲテ、冷シタ後ニ、焙爐場ヘヤリマス。焙爐場ニハ、焙爐一面ノ助炭ト云フ者ガアリテ、茶ヲ其上ニ載セ、兩手ニテ何度モ揉ミ、集メタリ、散ヲシタリシテ乾シタ後、又火ノ氣ノ、極弱キ焙爐ノ上ニ、一晩載セテ、乾シ上ゲマス。其後、茶ノ葉ノ善惡ヲ撰リ分ケテ、再ビ焙爐ニテ乾シ、是ヲ杉箱カ、又ハ、壺ノ中ニ入レ、味ウテ見テ、腹ノ工合ガ、好イトカ、叉ハ、心持ガ、爽ニナリタトカ云フ處カラ、斯ク一般ニ茶ノ類ヲ飲ム樣ニナリタモノデ厶リマセウ。サレバ、物ニ當リテ、自分ト經驗シ、其甘サ、苦サヲ知ル樣ナヿハ、一ノ學問デアリマシテ、今日ノ高尙ナル理學モ、皆此樣ナ簡單ナル學問ノ、時代ヲ經テ、集マリ積リタルモノデアリマス。

扨、茶ノ木ハ、ドンナ物ダト云フニ、是ハ、常磐木ト申シテ、冬モ、葉ノ枯レルヿナク、翌年、新芽ノ出ル頃マデハ、古キ葉ガ、殘リテ居ル物デ、是ヲ植エ付ケテヨリ三年目ニ、始テ芽ヲ摘ミ取リマスガ、其芽ヲ摘ム時節ハ、大抵、五月ノ始頃ニ、一番芽ヲ摘ミ、三十日バカリ立チテ、叉二番芽ヲ摘ミマス。上ヲ用ヒヌ國デハ、茶ニ似ヨリタ植物ノ葉ヤ、實カラ、製シタ物ヲ飲ミマス。彼西洋人ハ、コフヰー(Coffee)ト云フ木ノ實ヲ粉ニシタ物ヲ飲ミ、又或ル國ノ人ハ、コラ(Kola)ト申ス植物ヨリ、製シタ物ヲ用ヒ、其外ニモ、猶色々ナ物ヲ飲ム國ガアルト申スコトデムリマス。

斯様ニ、東西各國ノ人々ガ、申合セデモシタ様ニ、昔カラ、茶ヤ、又ハ、コフヰーナドノ類ヲ飲物ニシタト云フハ、實ニ奇ナ事デハアリマセヌカ。斯ク、國々ノ人々ガ、其嗜好ノ同ジ譯ハ、ドウダト尋子テ見ルニ、昔、支那ノ神農ト云フ人ガ、色色ナ草ヲ嘗メテ、コレハ、何ノ病ニキヽ、アレハ、何ノ藥ニナルト云フコヲ知リタ通リ、國々ノ人々ガ、茶ヤ、コフヰーヲ幾許ナルカヲ知ルベカラズ。サレバ、有益ノ書ヲ著スハ、有益ノ發明ヲ爲スト、其功、少シモ異ナラザルベシ。而シテ其書籍ト己ノ姓名トノ後代ヲ照ラシテ、消滅セザルハ、亦愉快ナル事ナラズヤ。

羅針盤（ジシャクノコトナリ。）

第三十六課　茶ノ話

茶ハ、諸君ノ、知ラルヽ通リ、吾々ガ、日々、飲ム所ノモノデ、貴賤、貧富ノ別ナク、茶ガ、嫌ヒダト申ス人ハ、殆ドアリマセヌ。扨、此茶ト申スモノハ、日本バカリデナク、支那ハ、勿論、外國ニテモ、日常、用フルモノデアリマスガ、日本ト同ジ様ナ茶タル寫眞ナルガ故ニ、是ヲ愛玩スレバ、己ヲ益シ、人ヲ利スルヤ、大ナルベシ。其利益ト必要トハ、是ヲ羅針盤ニ比スルモ可ナリ。今、船ニ乘リテ、萬里ノ波濤ヲ越ユルハ、其頼ム所、唯一ノ羅針盤アルノミ。生業ヲ營ムニモ、亦頼ム所ナカルベカラズ。書籍ハ、亦古今萬國ニ往來スベキ道路ナリ。苟モ、此道路ニ由ラザレバ、決シテ古今萬國ノ事情ニ通ズベカラズ。

人ノ、著シタル書籍ハ、其利益斯ク大ナレトモ、吾等ハ、人ノ著書ヲ讀ムノミニテ、滿足スベキニアラズ。自ラ進ミテ、有益ノ書ヲ著シ、以テ萬世不朽ノ事業ヲ謀ルベシ。有益ノ書ハ、一世一代ノ人ヲ利スルノミナラズ、子孫、後世ヲ益スルコ、質ハヒトジチノコトナリ。

烽火臺ノロシヲ擧グル場所ナリ。

狼烟ノロシ。

第三十五課　書籍

書籍ハ、如何ナル者ナルゾ。即チ古今ノ人ノ言行、思想、知識等ヲ集メタル者ナリ。故ニ書籍ハ、猶寫眞ニ異ナラズ。此寫眞ハ、古今ノ人ノ面貌ヲ寫シ出ダシタルニアラザレ𪜈、其行ヒタル事、工夫セシ事、發明セシ事等ハ、細ニ寫シ出ダサズト云フヿ無シ。是レ通常ノ寫眞ニハ望ムベカラザル所ナリ。

斯ノ如ク、書籍ハ、古今ノ人ノ言行、思想、知識ヲ寫シ出ダシ始メト爲ス。島原ノ役ヨリ、一切洋學ヲ禁ジタリシガ、百八年ヲ經テ、此時洋學再興スルニ至レリ。前野良澤ト云ヘル人、文藏ニ繼ギテ、蘭學ヲ修メ、亦長崎ニ遊學セリ。其後、醫ヲ業トスル人ハ、蘭學ヲ修メンガ爲ニ、長崎ニ遊學スル人多シ。サレバ、我邦ノ洋學ハ、其源ヲ長崎ニ發シタリト云フモ、可ナル者ノ如シ。

其後、安政年間ニ至リ、亞米利加船渡來シテ、外國ト廣ク交易ヲナスニ及ビ、横濱、函館、及本港ヲ以テ交易場ト定メシヨリ、舊來ニ比スレバ、其繁榮稍衰フル者ノ如シ。サレ𪜈、船舶出入ノ數ハ、各港合計ノ三分ノ一ヲ占メ、依然トシテ、舊時ノ体面ヲ維持セリ。

三日ニシテ、江戸ニ達スベカラシム。又黒田、鍋島ノ二侯ニ長崎ノ防禦ヲ命ジタリ。其後、和蘭甲比丹、毎年、一度、江戸ニ來リ、將軍ニ謁見スルヲ例トス。是ガ爲ニ、通事ヲ設クト雖モ、其字ヲ學ビ、其書ヲ讀ムヿヲ許サズ、徒ニ口舌上ニテ、言語ヲ記スルノミ。後ニ、又其謁見ヲ、五年一回ト定メタリ。

將軍吉宗、和蘭人ノ、天文、地理ニ精シキヲ知リ、又其書籍ヲ覽テ、圖畫ノ、細密ナルニ感服シ、青木文藏、野呂玄丈ニ命ジテ、蘭書ヲ讀マシム。文藏、因テ長崎ニ行キ、和蘭人、及通事ニ就テ、蘭書ヲ講習セリ。又通事西善三郎、吉雄幸作等モ、官ノ許可ヲ得テ、始テ其文字ヲ學ブヿヲ得タリ。蘭學ハ、新井君美、始テ其端ヲ開キタレ𪜈、蘭書ヲ講習セシハ、文藏ヲ以テゼントセリ、濱田彌兵衛ト云フ者アリ、是ヲ聞キテ、弟新藏ト共ニ其募ニ應ジ、一ノ商船ニ乘リテ、臺灣ニ至リ、交易センヿヲ乞ヘリ。甲比丹ニ謁スルニ及ビ、俄ニ起チテ是ヲ脅シ、其嘗テ末次等ニ無禮ナリシヿヲ責ム。甲比丹驚キテ爲ス所ヲ知ラズ、其子ヲ質トシテ、厚ク謝シタリ。是ヨリ和蘭人、我民ヲ憚リ、敢テ又禮ヲ失フヿナカリキ。

島原ノ賊、平定シテ後、松平伊豆守信綱長崎ニ行キテ、港口ヲ巡覽セリ。其地勢タル、野母岬、遠ク海ニ斗出シ、外國船ノ入港ヲ視ルニ便ナルヲ以テ、山上ニ遠見番所ヲ置キ、又斧山ノ上ニ、烽火臺ト遠見番所トヲ置キ、警報アレバ、狼烟ヲ擧グテ、近國ノ諸藩ニ報ズ。諸藩、其狼烟ヲ見テ、山々相承ケ、成功ハ、屢清軍ト戰ヒテ、其威名、殊ニ高カリシガ、我寛文年間ニ至リテ、遂ニ東寧ニ病歿セリ。年、三十九ナリ。其子錦舍、遺跡ヲ續ギテ、東寧ヲ治メ、猶清朝ニ從ハズ。其死スルニ及テ、其子奏舍、猶清朝ニ從ハザリシカド、清朝ノ威權、日ニ盛ナリシカバ、遂ニ東寧ヲ開キテ、清朝ニ降參シ、東海王ニ封ゼラレタリ。成功、始テ義ヲ唱ヘテ、兵ヲ起シヽヨリ、是ニ至リ、凡ソ、三世、三十八年ニシテ、亡滅セリト云フ。

始メ、和蘭人ノ、東洋ニ交易スルヤ、ジヤワ(Java)ヲ根本ト爲シ、又臺灣ノ主ナキヲ以テ、城ヲ築キテ、是ニ據レリ。時ニ、長崎ノ人、末次某等、臺灣ニ行キテ交易シ、和蘭甲比丹ノ爲ニ辱メラレシカバ、長崎ニ歸リテ、勇士ヲ募リ、更ニ是ニ報リテ此ニ來リシハ、子孫ノ繁榮ヲ見ント思ヒテナリ。今、老イテ此難ニ逢フ、何ノ面目アリテ、又人ヲ見ンヤト云ヒテ、城樓ニ登リテ、自害シツ、下ナル河ニ落チ入リテ死シタリ。清兵ハ、是ヲ見テ、日本女子ノ有樣、斯ノ如クナレバ、男子ノ武勇、推シ測ルベシトテ、皆々舌ヲ卷キテ、感ゼヌ者ハナカリケリ。已ニシテ、芝龍ハ、清ニ降リシガ、成功ハ、是ヲ屑シトセズ、厦門ト云フ島ニ一城ヲ築キテ、自ラ是ニ居住シ、臺灣ヲモ、攻メ取リテ、領地ト爲セリ。サレド、明朝ヲ再興セントノ心、深カリケレバ、厦門ノ名ヲ改メテ、思明州ト呼ビシハ、明朝ヲ思フノ意ナリ。又臺灣ノ名ヲ改メテ、東寧ト稱セシモ、日本ヲ視スルノ意ニ出デタルナリ。

ンコヲ謀リ、海島ニ出沒シテ、時機ヲ待チ居タリシガ、時々、商船ニ乘リテ、我國ニ來リ、肥前ノ五島、平戸、長崎ナドニ遊ブコ屢、ナリキ。其平戸ニアル時、田川氏ノ女ヲ娶リテ、男子二人ヲ生メリ。兄ハ、後ニ鄭成功ト稱シ、弟ハ、七左衛門ト云ヘリ。芝龍、更ニ其徒ヲ集メテ、支那ノ泉州、漳州ヲ攻メ取リ、遂ニ福建道ヲ幷セテ、福州城ヲ築キ、其勢、甚ダ盛ナルニ至リ、人ヲ遣シテ、平戸ノ妻子ヲ迎ヘシニ、妻ト七左衛門トハ、留リテ行カズ。成功ハ、其時、年、七歳ナリシガ、ヒトリ彼地ニ赴キタリ。妻モ、後ニ七左衛門ヲ殘シテ、遂ニ彼地ニ渡レリ。」

清兵ハ、其後、次第ニ勢力ヲ得、來リテ鄭芝龍ノ徒ヲ擊チ、遂ニ福州城ヲモ、攻メ落シタリ。此時、成功ノ母ハ、我日本ヲ去居シテ、交易セシカドモ、種々ノ弊害アルヨリ、元祿年間ニ至リ、幕府、命ジテ唐館ヲ建テ、以テ支那人ヲ一處ニ居住セシメタリ。斯ク、支那トノ交易ハ、盛大ナリシニ由リ、支那人ノ、歸化シテ長崎ニ住スル者モ少カラズ。何氏、王氏、盧氏、鄭氏、呉氏、楊氏、潁川氏、彭城氏、鉅鹿氏、河間氏ノ如キハ、其一例ナリ。

第三十四課　長崎　三

今ノ支那皇帝ノ先祖ハ、滿州ヨリ起リタル人ニシテ、二百年前ニ、明朝ヲ滅シテ、支那ヲ統一シ國號ヲ清ト改メタリ。其時、明ノ遺臣ニ、鄭芝龍ト云ヘル人アリテ、明朝ヲ恢復セ馬ノ諸國ニ至リ、數年ニシテ歸リタリト云フ。

其後、寛永年間ニ至リ、耶蘇教ノ徒、肥前有馬ノ古城ニ據リテ、亂ヲ起シヽカバ、更ニ耶蘇教ノ禁ヲ嚴ニシ、外國船ノ入港ヲ禁ズ。ヒトリ和蘭ノ、戰功アリシヲ以テ、其通商ヲ許シ、海外諸國ノ事情ヲ報ゼシム。尋ギテ又平戸ノ和蘭公館ヲ廢シテ、長崎ノ出島ニ移ス。出島ハ、嘗テ、葡萄牙人ノ、居留セシ處ナリ。是ニ於テ、支那、和蘭トノ交易ハ、長崎ノ一港ニ限リ、縱ヒ風濤ノ難ニ逢ヒテ、他國ノ浦ニ漂着スルトモ、皆救ヒ助ケテ、長崎ニ送ルヿトナレリ。サレバ、長崎ノ繁華ハ、昔日ニ倍シ、就中、支那ノ交易、ヒトリ益盛大トナリ、船舶ノ出入モ、毎年、五六十艘ニ上レリ。初ハ、支那ノ商人、皆市中ニ雜シ、葡萄牙ト互ニ競爭スルノ狀アリキ。德川氏ニ至リテ、和蘭、亦來リテ通商センヿヲ請ヒシカバ、平戸ニ於テ交易スルヿヲ許シタリ。是ガ爲ニ、我國人ノ、彼國ニ往來スル者モ、亦少カラズト云フ。彼大友宗麟ハ、內地ニ貿易スルノミナラズ、其子弟二人ヲ使節ト爲シ、葡萄牙船ニ乘リテ、西班、葡萄牙、伊太利等ニ至ラシメシニ、何レモ是ヲ優待スルニ君主ノ禮ヲ以テシタリ。此使節ノ一行ハ、長崎ヲ發シテヨリ、六年ヲ經テ歸朝セリ。其後、伊達政宗、西南諸國ヲ攻メ取ラントノ志アリシカバ、新ニ巨艦ヲ造リ、其臣、支倉六右衞門常長ニ命ジ、海外諸國ノ動靜ヲ探ラシム。常長等、太平洋ヲ航シテ、墨是哥ニ至リ、更ニ大西洋ヲ渡リテ、西班、葡萄牙、羅是ヨリ先キ、天文年間ニ、葡萄牙人三人、支那人ト共ニ種子島ニ來リ、貿易ヲ乞ヒ、且手銃一挺ヲ島主時堯ニ贈リ、火藥製造法ヲ傳ヘタリシカバ、時堯、大ニ喜ビ、銀一千兩ヲ報酬セリト云ヘリ。是レ鐵砲傳來ノ始メナリ。其時、豐後ノ國主、大友宗麟ハ、是ヲ聞キ、使者ヲ種子島ニ遣リ、其一人ヲ聘シ、火藥製造ノ方法ヲ研究セリ。是ニ由テ、宗麟ハ、葡萄牙人ニ、豐後ニ來リテ交易スルヿヲ許シタリト云ヒ傳ヘタリ。是レ歐羅巴人ト交易スルノ始メナリ。

其後、天正八年ニ至リ、英吉利人、始テ肥前平戸ニ來リ、領主松浦隆信ト通商交易センヿヲ約ス。是ヨリ、毎年、貨物ヲ持チ來リテ、交易甚ダ盛ナリ。續ギテ西班船モ、亦來リテ交易我邦ニテ、支那、朝鮮ニ交通セシハ、古代ニアリト雖モ、殊ニ貿易ノ爲メ、長崎港ヲ開キテ、支那人、及歐羅巴人ト交通セシハ、三百年以前ニ始レリ。永祿五年ニ、明ノ商船、始テ長崎、五島、平戸等ニ來リテ貿易ス。是ヲ支那人ノ、長崎ニテ通商スル始メト爲ス。其後、八年ヲ經テ、元龜元年ニ、明ノ商船、長崎ニ來リ、此地ニ於テ貿易センヿヲ乞ヘリ。巳ニシテ、葡萄牙船一艘、港口福田ト云フ處ニ漂着シ、長崎ノ、良港ナルヲ見テ、互市場ト定メンヿヲ約シテ歸リシカバ、其明年ニ、大村純忠、長崎ニ市街、旅店ヲ建テ、高來、大村、平戸ナドノ商人ヲ此處ニ移シタリ。是ヨリ、外船ノ往來絶ユルヿナカリシカバ、長崎ノ人家ハ、日ニ増シ、市街モ、次第ニ廣マリタリ。

炭ヲ出ダスヿ、頗ル多クシテ、內外汽船ノ用ニ供セリ。此天然ノ良港ニ、此炭坑アルハ、本港ノ繁華ヲ維持スルノ基ナラン。又長崎市街ノ對岸ニ飽浦(アクノウラ)造船所アリ。德川氏ノ、始テ造築スル所ニシテ、其規模、甚ダ宏大ナリ。

第三十三課　長崎　二

長崎ハ、我國ニテ、最モ舊キ開港場ニシテ、外國交易ハ、勿論、學問、宗教、技藝ナドノ、我國ニ傳來セシ如キ、凡ソ外國ニ關係アル事柄ハ、概子、此一港ニ由ラザルハナシ。サレバ、長崎ニ關スル事柄ヲ知ルハ、即チ我國、昔時ノ外交事情ヲ學ブノ一端トナルベシ。

ニシテ、和蘭人ノ居留地ナリ。而シテ外國人ノ、此地ニ居留スル者ハ、支那人ヲ最モ多シト爲ス。

市中ニテ製スル物品、甚ダ乏シ。刻烟草、ガラスミノ外ハ、僅ニ釘、針、線香ノ類アルノミ。但シ灣口ニアル高島ノ石炭坑ハ、良質ナル石

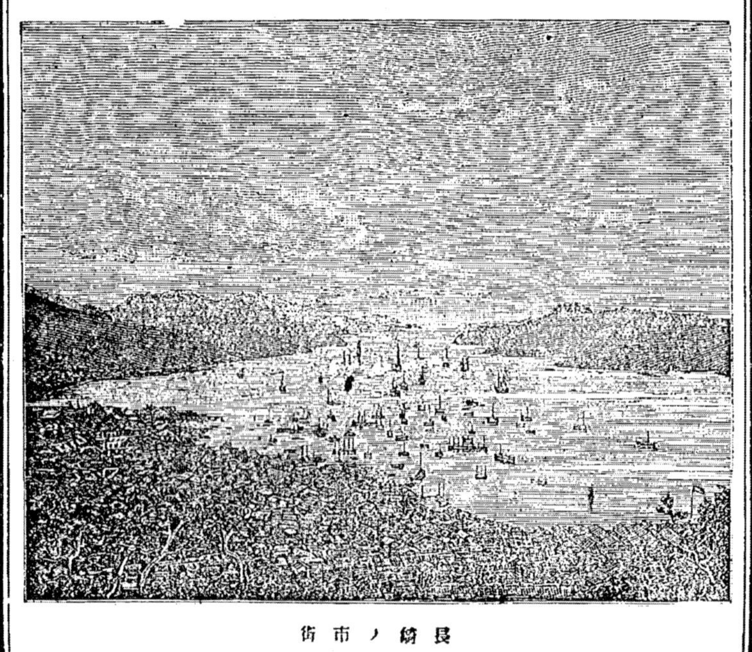

長崎ノ市街

九十七

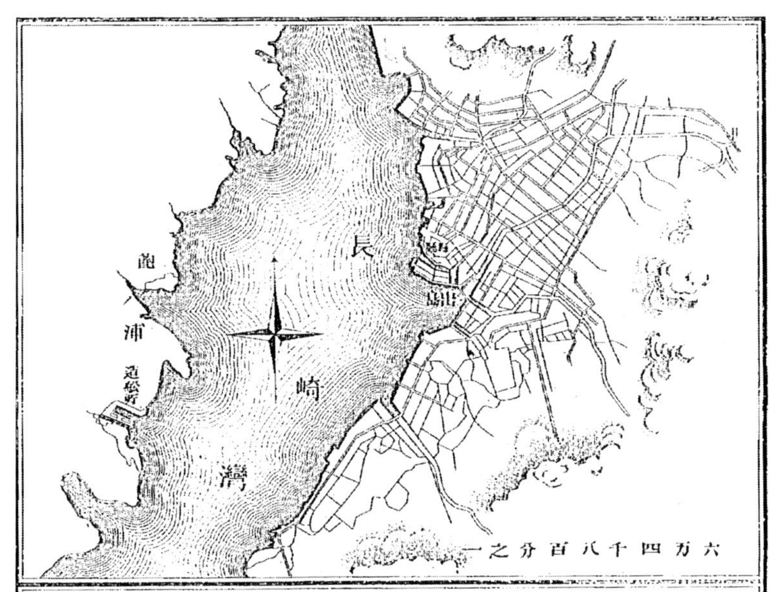

一里ニシテ、風波安全ナリ。實ニ天然ノ良港ト謂フベシ。

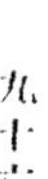
九十六

市街ハ、灣ノ東岸ニアリ海ニ沿ヒテ、西ニ向ヒ、丘陵ノ間ニ開ケリ。町數、八十七ニシテ、人口ハ、三萬三千餘人ナリ。此地ニ長崎縣廳アリ。出島ハ、昔時海中ニ築キ立テタル所トニ由テ、美麗ヲ加フルノミナラズ、種々ノ魚介、是ニ棲ミテ、其珊瑚中ニ、出没浮遊スル奇觀ハ、陸地上ニ其類ヲ見ルベカラズ。其鱗片ハ、金色、朱色、綠色ヲ交ヘテ、光輝、目ヲ奪フバカリナリ。又介類ハ、金砂ノ上ニ匍匐シテ、其甲殼ヨリ、虹ヲモ欺ク諸色ヲ放チ、其美麗ナルヿ、恰モ仙界ノ樂土ヲ見ルガ如シ。

第三十二課　長崎　一

長崎ハ、九州ノ西端、肥前國彼杵郡ニアリ。其三面ハ、丘陵連續シ、大海ヨリ港內ニ入ル處ニハ、數多ノ島嶼アリテ、灣ノ入口ヲ擁シ、其間、二里許ナリ。灣ノ全面ハ、東西十三町、南北

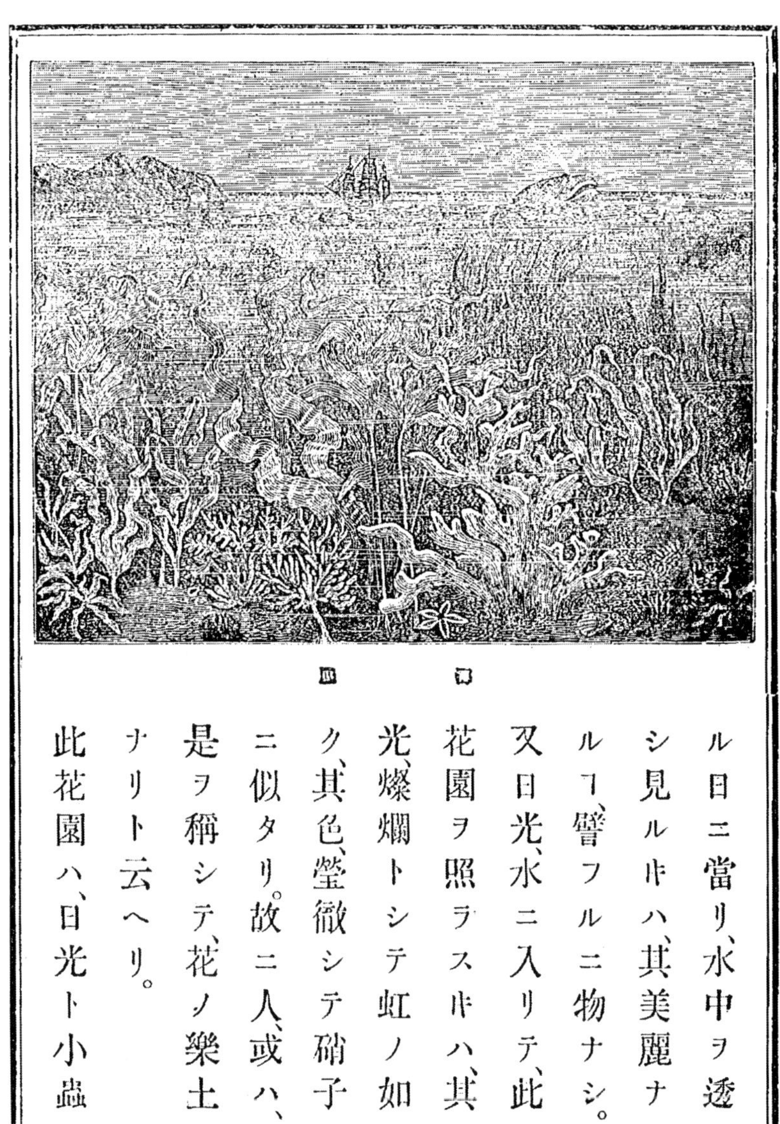

ル日ニ當リ、水中ヲ透シ見ルトキハ、其美麗ナルコト、譬フルニ物ナシ。又日光、水ニ入リテ、此花園ヲ照ラストキハ、其光、燦爛トシテ虹ノ如ク、其色、瑩徹シテ硝子ニ似タリ。故ニ人、或ハ、是ヲ稱シテ、花ノ樂土ナリト云ヘリ。

此花園ハ、日光ト小蟲

九十四

第三十一課　海中ノ花園

庭園ニハ、百花、美ヲ競ヒ、平野ニハ、綠草、氈ヲ敷ク。是レ皆吾等ノ、常ニ見ル所ナリ。サレド、世界ノ中ニハ、吾等ノ、嘗テ見ザル草木數多アリ。

海中ニモ、亦陸地ノ森林、花園ニ似タル者アリ。其中、熱キ地方ノ海岸ニ近キ水中ニハ、ポリップ(Polyp)ト云フ數百萬ノ小蟲アリテ、珊瑚巖ヲ建築ス。其珊瑚巖ハ、恰モ樹木ノ如キ形トナリ、高サハ、六尺ヨリ八尺位ナル者アリテ、花ノ如キ形シタル數百ノポリップ、其枝ニ附着セリ。

是等ノ小蟲ハ、皆水中ニ棲息スル者ナレバ、風靜ニ、浪穩ナ吾國ニ傳ハリタル論語ハ、孔子ト云ヘル聖人ノ言行ヲ載セタル書ニテ、人道ヲ教ヘタル者ナレバ、今モ、猶吾國人ノ、貴ブ所ナリ。孔子ハ、支那ノ魯國ト云ヘル處ニ生レ、名ヲ丘ト云フ。其門人ノ中ニテモ、學術才藝ニ勝レタル者、七十人アリ。其教ヲ受ケシモノハ、三千人ニ及ビタリト云ヘリ。

孔子ハ、其以前ヨリ傳ハリタル書類ヲ集メ、其取ルベキハ、是ヲ取リ、削ルベキハ、是ヲ削リテ、易經、書經、詩經、春秋ヲ編輯シタリ。其孫ノ子思ハ、中庸ヲ著シ、子思ノ門人、孟軻ハ、孟子ヲ著シテ、何レモ、孔子ノ教ヲ、後世ニ傳ヘタリ。斯ク、孔子ハ、支那ノ學問ニ於テ、始祖トモ稱ス可キ人ナレバ、今モ、猶支那ニテハ、是ヲ文宣王ト稱シテ尊崇ス。

是ヨリ先キ、三百年前、崇神天皇ノ朝ニ、任那ノ國使、蘇那曷叱智ト云ヘル者來朝シ、又垂仁天皇ノ朝ニ、新羅ノ王子、天日槍歸化シ、其後、神功皇后ハ、新羅ヲ親征シ、其人民ヲ捕ヘテ、歸リ給ヒシヿアリ。是レ皆阿直岐、王仁等ノ來朝以前ニアリシヿナレバ、其文字ノミハ、恐クハ、其前、早ク巳ニ傳ハリシカモ知ル可カラズ。

其後、段楊爾ト云ヘル者、百濟ヨリ來リテ、文學ヲ教授シ、又諸國ニ、國史ト云ヘル官ヲ置キテ、其國ノ事ヲ記サシメ、朝廷ニテモ、天皇記、國記等ヲ撰バシメラル。是等ノ書ハ、皆今日ニ傳ハラザレド、其頃ヨリシテ、漢書、漢字ヲ用フルヿノ、漸ク盛ナリシハ、疑ナキ事ドモナリあやしくをしきれ、雲よし。

第三十課　文學ノ渡來

昔、吾國ニテ、文學ト云ヘバ、支那ノ學問ノミニ限レリ。サレド、其學問モ、直ニ支那ヨリ、吾國ニ來リタルニハアラズ。今ノ朝鮮ヲ經テ、始テ、吾國ニ傳ハリシナリ。

今ヨリ、千六百年前、應神天皇ノ時、三韓ノ百濟ヨリ、阿直岐（アチキ）ト云フ人來リテ、皇太子菟道稚郎子（ウヂノワキイラツコ）ニ經典ヲ讀ムヿヲ教ヘ、其明年、博士王仁（ワニ）ト云ヘル人ヲ、百濟ヨリ召シテ、太子ノ師ト爲ス。此時、王仁ハ、論語ト千字文トヲ上レリ。是ヲ支那文學、渡來ノ始メナリト言ヒ傳ヘタリ。

一

またゝくひまには、山をおほひ、
うちみるひまにも、海をわたる。
雲てふものこそ、くすしくありけれ。
雲よ〳〵、雨とも、霧とも、みるまにかはりて、
あやしくをしきは、雲よ〳〵。

二

ゆふ日に、いろどる橋をわたし、
みそらに、こゑせぬ浪をれこそ。
雲てふものこそ、くすしくありけれ。
雲よ〳〵、なきうとおもへば、おほ空おほひて、

ル二從テ、雲霧ヲ作リ、其雲霧ヲ作レル水滴、亦互ニ附着シテ雨トナリ、降リ來リテ、再ビ河海ニ流レ入ルナリ。是ニテモ、萬物、形ヲ變ヘテ、目ニ見エザルモ、決シテ消滅スル者ニアラザルノ理ヲ知ルベシ。

汝等、今、此話ヲ聽キテ、直ニ了解セリト思フナラン。然レ𪜈、能ク熟考シテハ、疑ヲ起シ、疑ヒテハ、再ビ熟考セザレバ、眞ノ理ヲ了解スルヿ難シ。故ニ前ニ話シタル水滴ノ理ト此話トヲ、互ニ參照シテ、反覆此理ヲ窮ムベシ。是レ汝等ノ勉ムベキ所ナリ。

第二十九課　雲

作レル水滴ハ、輕クシテ、彼シヤボン玉ノ飛揚スルト、同一理ニ由テ、空氣中ニ浮泛シテ落チザルノミ。

凡ソ、空氣ノ、水蒸氣ヲ含ミ得ン限リハ、目ニ何ノ形ヲモ現サザルコ、猶鐵瓶ノ口ニ接シテ、騰レル蒸氣ノ如シ。サレド、空氣ハ、寒冷トナルニ從テ、水蒸氣ヲ含ムノ力ヲ減ジ、直ニ細小ナル無數ノ水滴ヲ生ズ。此水滴ノ、集合セル者ハ、即チ雲霧トナリ、其水滴亦互ニ附着シテ、更ニ大ナル水滴ヲ作リ、遂ニ其量、重クシテ、空氣中ニ浮ブコ能ハザルニ至リ、始テ雨トナリ、降リ來ルナリ。

サレバ、海、陸、湖、河ノ水、蒸發シテ、空氣中ニ入ルトキハ、消散シ去ルガ如シト雖モ、其實、蒸氣トナリテ浮遊シ、寒冷ヲ帶ブルナリ。

此白キ湯氣ハ、數百萬ノ細小ナル水滴ナリ。是ト同ジキ水滴ノ、高キ處ニ集合セルヲバ、雲ト云ヒ、低キ處ニ集合セルヲバ、霧ト云フナリ。雲霧、果シテ水滴ナラバ、何故ニ、雨ノ如ク、忽チ地面ニ降リ來ラザルゾ。是レ雲霧ヲ

雷ト雨

ベリ゜ゾハ西洋ノアルプス山(Alps)ノ頂上ニ、セント、ベルナルドト云フ處アリテ、其處ノ庵僧ガ、飼ヒ置ケル犬ナレバ、斯クハ、呼ビシ者ナリトゾ。

第二十八課　雲ト雨トノ話

鐵瓶ノ湯、沸騰スル時ハ、其口ヨリ、如何ナル者ヲ發スルカ。即チ白キ湯氣ノ、發スルヲ見ルナラン゜其湯氣ハ、直ニ鐵瓶ノ口ノ上ヨリ發スルニアラズ、少シ離レタル邊ニ至リテ、始テ白ク見ユルナリ゜是レ其口ノ直ニ上ナル處ハ、極熱キ蒸氣ニシテ、少シモ、目ニ見エザレド、其口ヲ離ル丶ニ從ヒ、空氣ノ爲ニ、其蒸氣、寒冷トナリ、始テ白キ湯氣トナルニ由

八十五

憫ム者ナク、叫ベㇳ、是ヲ助クル者ナシ。實ニ進退維レ谷マル時ト謂フベシ。

少頃アリテ、遠ク聞ユル聲アリ。猶怪ミテ思ヘラク、彼レ何ノ聲ナルゾ、ア丶恐クハ、犬ノ聲ナラント。已ニシテ、其聲漸ク近ヅキタレバ、其人ハ、我聲ノ、續カン限リ、呼ビ叫ビシニ、犬ハ、是ニ應ジテ吠エ、遂ニ二匹ノ犬、其傍ニ來リタレバ、其一匹ノ頭ニ繫ギタル藥ヲ取リテ、是ヲ飲ミ、他ノ一匹ノ首ニ結ビタル衣服ヲ取リテ、身ニ纒ヒ、更ニ氣力ヲ勵マシテ、犬ニ扶ケラレツ丶、其人ハ、彼庵ニ至リタリ。庵僧、是ヲ憫ミテ、看護至ラザル所ナク、親切ニ是ヲ待遇セリト云ヘリ。

此犬ノ名ハ、**セント、ベルナルド**犬(St. Bernard's dog)ト呼

山僧ノ犬旅人ヲ救フ

是ニ於テ、飢寒、交〻迫リ、氣力、漸ク衰ヘテ、寸歩モ進ムヿ能ハズ。因テ身ヲ懸崖ノ下ニ寄セ、悄然孤立シテ、爲ス所ヲ知ラズ。或ハ、餓狼ノ、來リ迫ランヿヲ恐レ、或ハ、積雪中ニ葬ラレンヿヲ悲ミ、其心中ノ苦痛ハ、如何バカリナリシゾヤ。泣ケド、是ヲブ、山ニ上リシニ、天晴レ雲收マリテ、自然ノ絶景モ、亦一段ノ美ヲ加ヘタリ。其人、山水ノ絶景ヲ見ナガラ、山路ノ曲折ヲタドリ、覺エズ高處ニ達セリ。更ニ四方ヲ眺望スルニ、雪ヲ戴ク峰巒ハ、雲表ニ聳エ、藍ヲ流ス湖水ハ、樹林ノ間ニ隱見ス。丘陵、遠ク走リテ、波浪ノ如ク、田野、廣ク開ケテ、海ノ如シ。眞ニ一幅ノ活畫圖ナリ。

猶登リテ高處ニ至ルニ、滿目ノ光景、忽チ一變シテ、雲霧陰翳ノ中ニ入ル。已ニシテ、烈風、袂ヲ拂ヒ、寒威、肌ニ徹ス。猶勇ヲ鼓シテ進マントスルニ、飛雪、忽チ至リテ、咫尺ヲ辨ゼズ。サレド、憇フベキ所ナキニ由リ、猶進ムヿ五六町ニシテ、忽チ大雪ノ、既ニ堆積シテ、路ヲ沒スルヲ見ル。

シタル後、遂ニ一ノ法則ヲ發明セリ。定振ノ理、即チ是ナリ。是ニ因リ、始テ振時計ヲ造ルベキ基ヲ爲セリ。今ノ振時計ノ、時ヲ示スハ、其機械ノ中ニ、搖錘ヲ有スルニ由ルナリ。

搖錘サゲフリ、英語ニテペンヂユラム(Pendulum)ト云フ。　定振一定ノ時間ニ、一定ノ距離ヲ運動スルヿ。

第二十七課　犬ノ話

或ル高山ノ絶頂ニ、一ノ庵アリテ、一人ノ僧、是ニ住メリ。此僧ハ、他ニ爲スベキ事モナケレバ、二匹ノ犬ヲ飼ヒ置キ、是ニ、常々、能ク教ヘテ、此山ヲ通行スル旅人ヲ導キ、或ハ、雪ニ埋モレタル人ヲ捜索セシメタリ。

嘗テ、此山ヲ通行スル一人ノ旅人アリ。此日ハ、早ク起キ出レバ、水、其中ニ滿チ、果實ハ、爲ニ筒底ニ落チテ響アリ。是ヲ聽キテ、其幾時ナルヲ知ルヿヲ得ルナリ。

然ルニ、理學ノ大家**ガリレオ**氏(Galileo)ガ、搖錘ヲ發明セシヨリ以來、人、皆便利ナル振時計ヲ所有スルニ至レリ。故ニ今、其發明ノ概略ヲ示スベシ。」

或ル處ノ禮拜堂ニ、一個ノ燈籠アリテ、天井ヨリ釣リ下ゲタリ。其燈籠ハ、風ノ爲ニ振動シ、左右、常ニ同一ノ距離ヲ往返セリ。**ガリレオ**、是ヲ注視シテ、家ニ歸リ、種々、工夫ヲ廻ラ

Galileo

今ノ朝鮮ノ事ナリ。

熊襲　今ノ九州ニ居タル昔ノ種族ノ名ナリ。

第二十六課　時計

世ニ未ダ時計ノ發明アラザリシ時代ニハ、壺ニ砂ヲ盛リ、或ハ、器ニ水ヲ盛リテ、其底ニアル孔ヨリ、水、若シクハ、砂ノ、洩レ出ヅル分量ヲ測リ、以テ時間ヲ知リタルナリ。

或ル國ニテハ、今、猶是ニ類スル方法ヲ用フル者アリ。其法ハ、大サ人頭ノ如キコヽ(Cocoa)ト云ヘル果實ノ殼ヲ、正中ヨリ割キ、其一片ノ底ニ、小孔ヲ穿チテ、是ヲ水筒ニ浮ブ。然ルトキハ、水、次第ニ其小孔ヨリ入リ、正シク一時ヲ經ルニ至此時、風順ニシテ船迅ク、楫櫓ヲ勞セズシテ、直ニ新羅ニ至ル。號令、能ク行ハレ、部伍、能ク整ヒ、軍氣、大ニ振ヘリ。新羅王、是ヲ見テ、大ニ懼レ、其敵スベカラザルヲ知リ、自ラ御船ノ前ニ來リ、一戰ヲモ爲サズシテ降服シ、今ヨリハ、毎年、必ズ貢物ヲ獻ゼントト誓ヘリ。皇后、是ヲ納レ、遂ニ國都ニ入リテ、府庫ヲ封ジ、圖籍ヲ收メ、矛ヲ其門ニ樹テ、以テ後世ノ標識トナス。新羅王、乃チ人質ヲ送リ、且綾羅ノ類ヲ八十艘ノ船ニ積ミ、官軍ニ附シテ、是ヲ上レリ。

高麗、百濟ノ二國モ、亦此事ヲ聞キ、遂ニ我邦ノ屬國トナリ、貢物ヲ獻ズ。是ニ於テ、皇后、諸軍ヲ振ヘテ、遂ニ歸ル。是ヲ世ニ三韓征伐ト云フ。此新羅、高麗、百濟ヲ、昔ハ、三韓ト云ヘリ。

第二十五課　三韓ノ降服

仲哀天皇ノ時、筑紫ノ熊襲(クマソ)、叛キテ朝命ヲ奉ゼズ。天皇、因テ筑紫ニ幸シテ、橿日宮(カシヒノミヤ)ニ居リ、群臣ヲ會シテ、熊襲ヲ討タンコトヲ議セシメラル。已ニシテ、天皇、暴ニ病ミテ崩ジ給フ。皇后氣長足姫尊(オキナガタラシヒメノミコト)、祕シテ喪ヲ發セズ。鴨別(カモワケ)ヲ遣シテ、熊襲ヲ討タシメラレシニ、熊襲、旬日ニシテ降服セリ。氣長足姫尊トハ、神功皇后ノ御事ナリ。

神功皇后ハ、熊襲征服ノ後、意ヲ決シテ新羅ヲ征伐セント欲シ、男裝ヲナシテ、親ラ諸軍ニ號令シ、遂ニ軍ヲ率井、軍艦ニ乘リテ、出發シ給フ。

ミタル二枚ノ葉アルベシ。斯ク、根ヲ出ダシテ成長スル間ハ、荣豆ハ、其厚キ物ノ中ニ貯ヘタル養料ヲ取リテ成長スルナリ。其根ノ、漸ク成長スルニ從ヒ、厚キ物ハ、開ケテ二枚トナリ、稍、葉ノ形ヲ爲シ、其眞中ニ疊マレタル小葉ハ、直立ス。其小葉ノ、成長スルニ從テ、厚キ物ハ、漸ク薄クナリ、遂ニ脫落スルニ至ル。

彼厚キ物ノ、脫落スル前ニ、荣豆ハ、根ヲ地面ニ移植スベシ。是ヲ移植シテ後、漸ク、日數ヲ經ルニ從ヒ、其根ヨリ、何本トモナク髮ノ毛ノ如キ小根ヲ出ダシ、小葉ハ、始テ分レテ二枚トナリ、日光ヲ受ケテ、次第ニ成長セン。是レ荣豆ノ如キ植物ノ、成長スル順序ナリ。

七十六

今、菉豆ノ種ニ就テ、オモシロキ一ノ試驗ヲ爲サン。茲ニ、一ノ皿ヲ置キ、其中ニ濕リタル苔、又ハ、綿ヲ充ツベシ。而シテ是ニ菉豆ノ種ヲ蒔クトキハ、四五日ヲ經テ、其種ノ、始テ萌芽ヲ發スルヲ見ン。

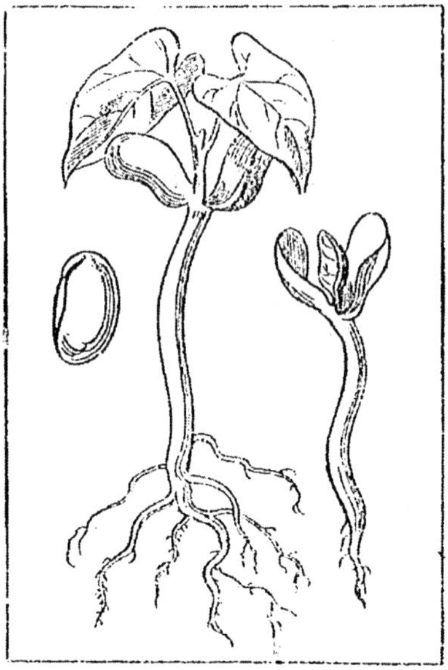

菉豆ノ種及萌芽

初メ、其萌芽ヲ發スルトキ、薄キ皮ノ下ニアル厚キ物ガ、膨脹シテ柔ニナリ、其端ヨリ、細ク尖リタル物ヲ出ダスベシ。此尖リタル物ハ、遂ニ根トナルナリ。其時、彼厚キ物ヲ開キ見レバ、其中ニハ、極テ小サク疊港場ハ、六港ニテ、開市場ハ、一個所ナリ。

第二十四課　菜豆

今、此ニ、一個ノ豆アリ。是ハ、モト菜豆(インゲンマメ)ト云フ植物ノ種ナリ。元來、此豆ハ、世ノ人ノ、殊ニ嗜ム者ナレバ、其萌芽ノ狀、成長ノ樣ナドハ、吾等ノ常ニ研究センヿヲ好ム所ナリ。

種ハ、植物ニ取リテハ、鳥ノ卵ノ如キ者ナリ。鳥ハ、卵ヨリ生レ出デ、成長シ、能ク空氣中ヲ飛翔スルニ至ルナリ。植物モ、種ヨリ生レ出デ、成長シ、花ヲ開キ、實ヲ結ビテ、遂ニ種ヲ造ルニ至ルハ、鳥ノ卵ヨリ出デ、成長スルニ、少シモ異ナルヿナシ。

吾國ニテ、外國輸出入ノ總額ハ、凡ソ六千四百萬圓餘ナリ。而シテ横濱ハ、四千二百萬圓餘ヲ占ムルニ由リ、其貿易ハ、總額ノ三分二以上ニ達スルナリ。輸出ノ、最モ多キ物ハ、生絲、種紙、茶、漆器、銅器等ナリ。外國ヨリ輸入スル物ハ、綿、絲ヲ以テ第一トシ、金巾、唐縮緬、砂糖、石油等、是ニ次グ。汽船、帆船ノ、本港ニ往來スル者ハ、毎年、凡ソ七八百艘ナリ。

本邦ノ開港場、開市場ハ、今ヨリ、三十年前頃ニ、始テ開ケタル者ナリ。安政六年ニ、横濱、長崎、函館ノ三港ヲ開キ、其後、九年ヲ經テ、慶應三年ニ、神戸ヲ開港場トナシ、大坂ヲ開市場トナス。明治元年ニ至リテ、更ニ大坂ヲ開港場トナシ、又新潟ヲ開港場トナシ、東京ヲ開市場トナス。サレバ、全國中、開ハ、二百二十餘ニシテ、人口ハ、凡ソ五萬九千人ナリ。人家ハ、西北、神奈川驛ニ達シ、長サ一里ニ餘ル。是ヲ合算スレバ、一萬戸以上ナリト云フ。本港ノ西端ヨリ、東京新橋マデ、鐵道ヲ布設シタレバ、兩地ノ往復ハ、極テ便利ナリ。

横濱

丈餘アリト云フ。本港ハ、全國五港ノ第一ニシテ、汽船、帆船ノ出入スルコ、朝夕絶ユルコナシ。

本港ノ地形ハ、左右ニ山ヲ環ラシ、其間ニアル洲渚ノ地ニ據レリ。初メ土地狹クシテ、住民多ク、家屋ヲ建ツルノ地ニ乏シキニヨリ、神奈川臺、本村等ノ丘陵ヲ切リ崩シ、海ヲ埋ミテ、新ニ一面ノ市街ヲ開キタリ。今ノ横濱市街是ナリ。

市街ハ、本町通、辨天通ヲ最モ繁華ナル所トス。中央ニハ、公園アリ。本町通ニハ、神奈川縣廳アリ。海岸ニハ、稅關、鎭守府等アリ。其建築、何レモ宏大ナリ。西南ニ亘レル丘陵ノ上ニハ、外國人ノ家屋多シ。西北ノ丘陵ハ、野毛山ト云ヒ、大神宮ト招魂社トヲ建テタリ。丘上ノ眺望、殊ニ宜シ。全市街ノ數

横濱

易ノ都會トナリ、遂ニ今日ノ如ク、萬國ニ其名ヲ知ラルヽニ至レリ。

横濱ハ、江戸灣ノ西岸ニアリテ、武藏國、久良岐郡ニ屬セリ。本牧(ホンモク)岬(ミサキ)、其南ニ突キ出デ、野毛(ノゲ)、神奈川ノ兩浦、其西北ニ連ナリ、一ノ灣水ヲ成セリ。灣口ハ、東北ニ向ヒ、其深サハ、八

七十

ルカ故ニ、航海者ハ、其訓戒ヲ奉ジ、夜間モ、猶晝ノ如クニ、船ヲ走ラセテ、憂慮スル所ナシ。

航海者 フナノリスル人。　嚮導者 案内スル人。
暗礁 水中ニ隱レタル岩石。

第二十三課　横濱

横濱ハ、往時、一ノ村落ニテ、其住民ハ、漁獵、農業ヲ營ミ、或ハ、食鹽ヲ製シ、海苔ヲ取リ、以テ纔ニ生活シタリキ。然ルニ、今ヨリ、三十餘年前ニ、亞米利加船、渡來シテ、便利ノ港ナルヲ知リ、暫ク、此ニ碇泊セリ。其後、西洋諸國ト交易ヲ開クニ及テ、遂ニ此地ヲ開港塲トセリ。是ニ於テ、僻邑、俄ニ變ジテ、貿ケテ、舟ヲ破碎スルヿアリ。是等ノ危難ヲ避ケンガ爲メ、海岸ニ高キ塔ヲ築キ、是ニ火ヲ點ジテ、其方向ヲ示セリ。燈明臺ト云フモノ是ナリ。

燈明臺ノ火光ハ、場處ニ由テ、各其色ヲ異ニス。白色ナルアリ、赤色ナルアリ、或ハ、綠色ナルモノアリ。是レ一目シテ其場處ノ何處ナルヲ指示センガ爲ナリ。サレバ、其火光ハ、航海者ノ爲ニハ、海上ノ嚮導者ニシテ、常ニ航海者ニ向ヒテ、戒メテ曰ク、此處ニハ、暗礁アリ、彼處ニハ、砂洲アリ。予ハ、是等ヲ指示シテ、無難ノ航路ニ導カンガ爲ニ、此處ニ立ツナリト。是レ航海者ノ、能ク了解スル所ナリ。

暗夜、海上數里ヲ照ラス所ノ燈明臺ハ、斯ク、航海者ヲ戒ム

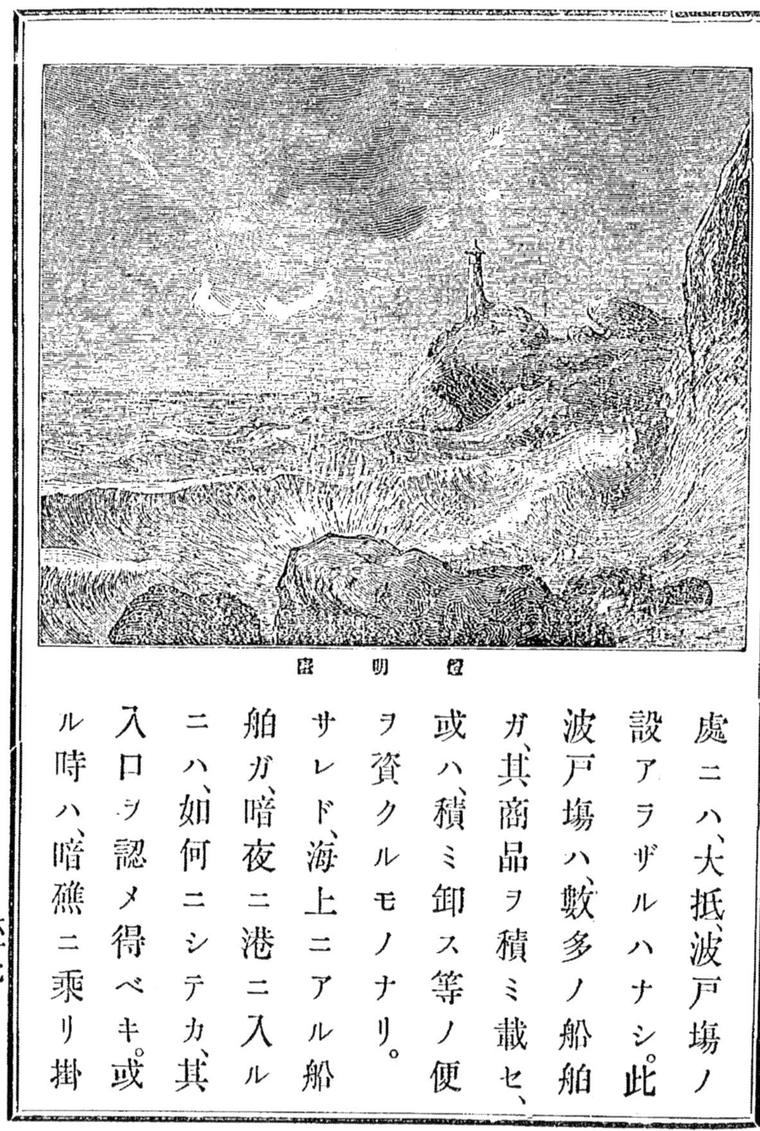

燈明臺

處ニハ、大抵、波戸場ノ設アラザルハナシ。此波戸場ハ、數多ノ船舶ガ、其商品ヲ積ミ載セ、或ハ、積ミ卸ス等ノ便ヲ資クルモノナリ。

サレド、海上ニアル船舶ガ、暗夜ニ港ニ入ルニハ、如何ニシテカ、其入口ヲ認メ得ベキ。或ル時ハ、暗礁ニ乘リ掛

肉冠トサカ

第二十二課　海岸

海岸ニハ、川ノ兩岸ニ繁茂スル如キ草木ヲ見ルヿナシ。是レ海岸ハ、多クハ、沙濱ニシテ、常ニ波浪ニ撃タルヽニ由テナリ。或ハ、又嶮岨岩石ニテ、築キ成シタル如キ海岸アリ、是ヲ懸崖ト云フ。此懸崖ノ上ニ立ツ時ハ、泡立チタル海水、岩底ニ衝突シ、其全体ヲ震動セシムルヿアリ。

又海水、深ク陸地ニ入リテ、灣ヲナシタル所アリ。其灣内ノ船舶ヲ保護センガ爲ニ、堅固ナル石壁ヲ築キテ堤トナシ、以テ波浪ノ害ヲ避ク、是ヲ波戸場ト云フ。凡ソ、港ト稱スル

六十六

日ニシテ、殻ヨリ脱出シ、遅キモ、二十一日ヲ超ユルヿナシ。其脱出シタル小雛ヲ雛雞ト云フ。雄雞ト牝雞トヲ區別スルハ、其形狀、性質等ニ由ルナリ。即チ雄雞ハ、牝雞ヨリ、其体、大ニ、其羽毛、美麗ニシテ、其尾、長ク、頭ニハ、紅キ肉冠ヲ戴キ、顋ノ下ニモ、亦肉冠ニ似タル一ノ肉片アリ。

雄雞ハ、常ニ怒リ易クシテ、鬭ヲ好ム者ナリ。此故ニ、雄雞ハ、他ノ雄雞ト群ヲナシテ遊ブヿ、殊ニ稀ナリ。偶、他ノ雄雞ニ逢ヒテ、蹴合ヲナス時ハ、直ニ肉冠ヲ紫色ニ變ジ、羽毛ヲ竪立シテ進ミ來リ、嘴ト爪トヲ以テ、互ニ鬭ハントス。是ニ由リ、雞ヲ飼フ者ハ、務メテ雄雞ヲ同ジ場所ニ置カザルヿニ注意スルナリ。

多シトシ、夏ノ末ニハ、殊ニ少シ。此期節ニハ、其羽毛、脱ケ替ハリ、卵トナルベキ、養料ノ幾分ハ、羽毛ヲ生ゼンガ爲ニ用ヒラルレバナリ。

牝雞ハ、卵ヲ生ミタル後、是ヲ孵化センガ爲ニ、通例、十二三個ヲ抱キテ暖ムル者ナリ。時ニハ、十五個ヲ抱ク者ナキニアラズ。其卵ノ、孵化スルヤ、早キハ、十九

牡雞ト牝雞

六十四

さかゆく御代に、うまれしも、おもへば、神のめぐみなり。
いざや、兒等、神の惠を、ゆめな忘れそ、ゆめゆめな忘れそ、ゆめなわすれそ、時の間も。
いざや、兒等、神の惠を、ゆめゆめな忘れそ、ゆめゆめな忘れそ、ゆめゆめなわすれそ、時の間も。

第二十一課　雞ノ話

雞ハ、鳥類中ニテ、人ノ利益ヲナスヿ、最モ多シ。其肉、好味ナルノミナラズ、牝雞ハ、多クノ卵ヲ生ム。其卵ヲ生ムハ、種類ト養方トニ由テ、其數、一定セザレド、善キ牝雞ハ、一年ニ、凡ソ百五十個ヲ生ムベシ。生卵ノ期節ハ、三、四、五ノ三個月ヲシテ其人々ガ、數晝夜ノ間、悲泣スル聲ハ、人ヲシテ聞クニ忍ビザラシメタリトゾ。

垂仁天皇ハ、此悲泣ノ聲ヲ聞シメシ、是ヲ停止セントノ御心アリケレバ、其後、皇后ノ崩ゼサセ給ヒシ時、其侍者ノ殉死ヲ停メラレ、土人形ヲ造リテ、是ニ代ヘシメ給ヘリ。其土人形ハ、埴輪(ハニワ)、又ハ、立物(タテモノ)ト云ヒテ、今モ、猶古キ塚ナドヨリ、掘リ出ダスヿアリ。此一事ニテモ、天皇ハ、仁心深キ明主ナリシヿヲ思ヒ知ルベシ。

宮人振　宮中ナドニテ、行ハルヽ調子ナリ。

夷振　田舍風ノ調子ナリ。

第二十課　榮行く御代

上古、高貴ノ人、死スル𬼀ハ、其人ニ仕ヘシ男女ヲ其墓側ニ生キ埋ミニスルヿ行ハレタリ。是ヲ生キ埋ミニスルニハ其人ノ体ヲ地中ニ埋ミ、其首ノミヲ地上ニ出ダシ、恰モ墓ノ周圍ニ、人ノ首ニテ垣ヲ造リタル如クニシタル者ナラント云ヘリ。而

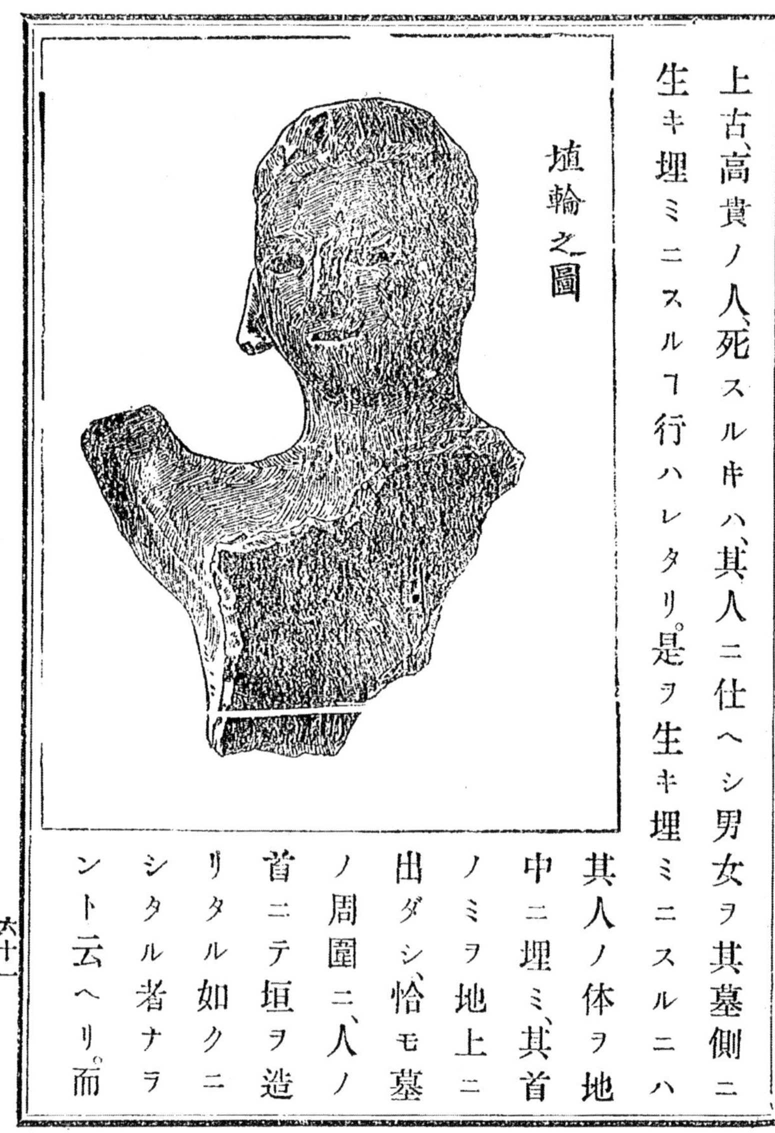

埴輪之圖

六十一

ハ、神代ヨリアリシ者ナルガ、三十一字ノ歌ハ、素盞嗚尊(スサノヲノミコト)ノ、詠ジ給ヒシ、八雲起ツノ歌ニ始レリ。後世、歌ハ、一種ノ文藝ノ如クナリタレド、上古ハ、是ヲ口ニ唱フルノミナリキ。サレバ、其歌ノ調子モ、處ニヨリテ相同ジカラズ。此ハ、夷振(ヒナブリ)ナリ、彼ハ、宮人振(ミヤビトブリ)ナリナド云フハ、此故ナリ。

又市街ナド、人ノ、多ク集マル所ニハ、男女、打チ寄リテ、歌ヲ唱フコトアリ。是ヲ嬥歌(カヾヒ)ト云フ。此風俗ハ、後世マデ、猶邊鄙ニ行ハレタリトゾ。又弘計王(ヲケノオホキミ)ノ、播磨國ニ隱レサセ給ヒシ時、自ラ天皇ノ血統ナルコトヲ示サントテ、起チテ歌舞セラレタリト云フ事サヘアレバ、歌ヒ舞フ業ハ、其頃ノ酒宴ナドニハ、必ズ行ハレタル風ナルベシ。

ヲ用ヒタルヿナシ。其頃ノ人ハ、種々ノ頭飾ヲナシ、故ニ、常ニハ、冠ヲ着ケザリシナリ。其頭飾タル、男子ハ、頭髪ヲ二ツニ分ケテ、左右ニ結ビ、ソレニ勾玉、管玉等ヲ絲ニテ繫ギ合ハセタル者ヲ、結ビ付ケシナリ。此勾玉、管玉等ヲ繫ギタル者ヲ、珠鬘(タマカヅラ)ト云フ。其外ニ、又大ナル櫛ヲモ插ミタリ。サレド、幼少ノ時ハ、額ノ上ニテ髪ヲ一ツニ束子タリ。是ヲ瓠花(ヒサゴバナ)ト云フ。十八歳頃ニ至リ、是ヲ二ツニ分チテ、始テ成人ノ風トナルナリ。

第十九課　上古ノ人民　二

支那文字ノ、渡リ來リシ以前ニ、文字アリトハ思ハレズ。歌用ヒテ帶ヲ作レリ。其他ハ、概子布帛ニテ作リタル紐ヲ帶トセリ。其結ビタル端ヲ垂ラスヲ以テ、多羅志トモ云ヘリ。又腰ヨリ下ニハ、男女トモ、袴ノ如キ者ヲ着ケタリ。即チ女ハ、裳ヲ穿チ、男ハ、袴ヲ着クルヲ常トセリ。上古ノ人民ハ、今日ノ如キ冠

上古ノ人民

乂字形ノ木ヲ縛リ付ケタリ。其木ヲ千ギト云ヒテ、今モ、神社ノ屋根ニ斯ル飾アルハ、其遺風ナリト云ヘリ。

家根ノ周圍ハ、藤葛ニテ處々ヲ結ビ固メ、其内ニハ、胡床ノ如キ者ヲ置キ、其上ニ疊ヲ敷キシナリ。疊モ、今日ノ物トハ、變ハリテ、菅疊、皮疊、絁疊(キヌダヽミ)ヲ敷ケリ。壁モ、縛壁(タツゴモ)トテ、今ノ席屏風ノ如キ者ヲ用ヒタリ。其外、門、籬ナドモアリ、又戸ナドヲモ造レリ。是ヲ吾等ガ今日ノ家ニ比スルニ、其堅牢ト快樂トノ相同ジカラザルコト、霄壤ノ差アリ。

上古人民ノ用ヒタル衣服ハ、袖、窄カリシナラン。且後世ニ至リテ、右袵ニセヨトノ布令アリシヲ見レバ、其以前ハ、衣服ヲ着ルニ、總テ左袵ニセシコト明ナリ。高貴ノ人ハ、錦等ヲ

第十八課　上古ノ人民　一

上古ノ人民ハ、如何ナル家屋ニ住マヒ、如何ナル衣服ヲ着、如何ナル風俗ナリシカヲ知ル時ハ、吾等ノ祖先ハ、吾等ニ比シテ、幾倍ノ辛苦ヲ嘗メタリト云フヿモ、考ヘ知ラルベシ。是レ甚ダ大切ニシテ、且趣味アル事ナリ。

上古ハ、土蜘蛛ト云フ種族アリテ、常ニ岩屋ノ中ニ住マヘリ。其岩屋ハ、甚ダ廣クシテ、數十人ヲモ容ルベキモノナリシト云フ。其頃ノ賤シキ人民ハ、皆斯ノ如キ穴居ヲ爲シ、者ナラン。高貴ナル人ノ家屋ハ、大柱ヲ深ク地中ニ立テ、其上ニ屋根ヲ葺キシナリ。屋根ハ、茅葺(カヤブキ)ナレバ、風雨ノ爲ニ、飛散スル憂アリ。此故ニ、是ヲ防ガントテ、屋根ノ左右ノ端ニ、大砲ヲ鑄造シ、造幣局ニテハ、貨幣ヲ造リ出ダス。其高ハ、實ニ巨萬ノ額ニ達スト云フ。斯ル造幣局ヲ此地ニ建テラレタルハ、モト是レ商業ノ盛ナルニ由ル者ナルベシ。

昔、德川氏ノ、政事ヲ執リ行ヒシ頃ハ、諸國ノ大名、各大坂ニ藏屋敷ヲ設ケ置キ、其領內ノ米穀、産物ヲ此地ニ運送シテ、是ヲ商人ニ賣リ渡ス。而シテ商人ハ、是ヲ買ヒ入レテ、諸國ノ商人ニ賣ルヲ例トセリ。是ガ爲ニ、賣買トモニ大ニ便利ヲ得タルヨリ、遂ニ多クノ豪商ヲ生ジタリ。明治維新ノ後、諸大名ハ、廢セラレ、又、諸國ニ物産ヲ運送スルノ便モ、大ニ開ケタレド、大坂ノ商業ハ、猶、舊ノ如クニ繁昌シ、世ノ人、皆大坂ヲ以テ、商業ノ都會ト稱スルナリ。

心齋橋

ヲ云ヘバ、堺筋、心齋橋筋、道頓堀、順慶町等ニテ、其商業ノ盛ナルヿハ、是等ノ町々ヲ見テ知ラルヽナリ。

大坂ノ住民ハ、多クハ、商人ナレバ、製造ノ事ハ、盛ナリトハ云ヒ難シ。只製鐵所ト造幣局トハ、其建築、宏大ニシテ機械モ、亦精巧ナリ。製鐵所ニテハ、

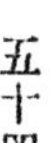

ハ、其源ヲ近江ノ琵琶湖ニ發シ、其流末ハ、大坂ノ市街ヲ貫通ス。是ヲ數派ニ分チテ、縱横ニ溝渠ヲ通ジ、大小ノ橋ヲ懸ケ渡ス、俗ニ八百八橋ト稱ス。其餘流ハ、安治川、木津川ニ會シテ、海ニ入ルナリ。河口ニハ、數千ノ船舶、常ニ出入シテ、海運ノ便利ナルヿ云ハン方ナシ。其西ニ、富島トイフ所アリ。外國人ノ居留地ニシテ、開港場ノ一ナリ。

市店ノ盛ナルハ、堂島ノ米相場所ヲ以テ第一トス。毎日、米商、相集マリテ、其價ヲ定メ、是ヲ賣買スルヿ、其數ヲ知ルベカラズ。其外、長堀ノ材木場、永代濱ノ鹽魚市、天滿ノ青物市、本町ノ木綿店、堺筋ノ砂糖店、西横堀ノ燒物店、道修町ノ藥種店等ハ、常ニ人ノ群集スル所ナリ。又市街ノ繁華ナル所

大阪

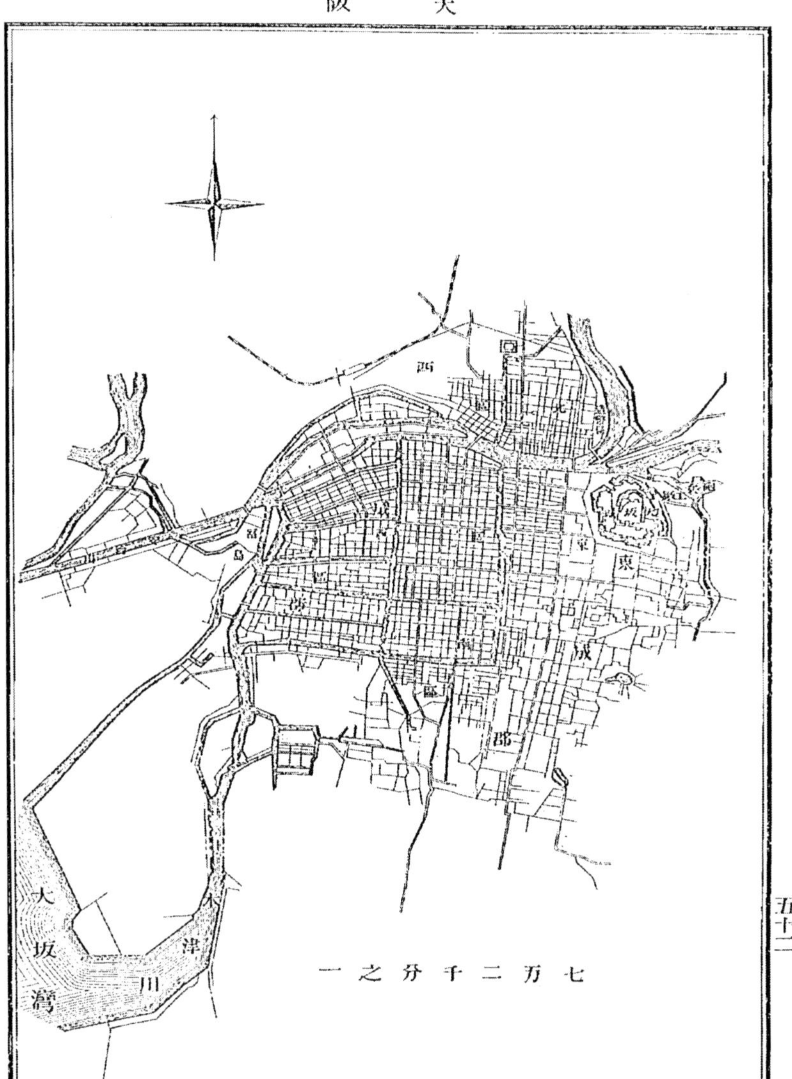

五十二

第十七課　大坂

大坂ハ、古ハ、浪速ト云ヒシガ、後ニ難波ト云ヒキ。此地ノ東ニハ、丘陵アリテ、長キ坂路ヲ經テ登ルベキガ故ニ、竟ニ大坂トハ稱ヘタリ。大坂城ハ、丘陵ノ北端ニ在リ。本ハ、眞宗本願寺ノ居城ニテ、石山城ト名ヅク。豐臣秀吉、其遺址ニ據リ、大城ヲ築キ建テ、都府トナシテヨリ、商、工、四方ヨリ集マリ、市街ヲ開キテ、次第ニ繁華トナリ、今ハ、人口三十五萬餘ノ大都會トナリテ、吾國三府ノ第二ニ位ス。

大坂ハ、攝津國、東成、西成ノ二郡ニ跨リ、其近傍ハ、概子平野ナリ。東ハ、丘陵ニシテ、西ハ、大坂灣ヲ距ルヿ、甚ダ近シ。淀川即チ交易ノ起ル所以ナリ。

東京、大坂等ハ、他國ニテ産出製造スル物品ヲ集散スル大都會ナリ。其物品ノ集散速ニシテ、是ヲ生業トスル者多キガ爲ニ、斯ル繁昌ヲ來シタリ。一府縣ノ都會モ、亦皆産物、製品ノ集散スル所ニシテ、其集散ノ速ナルハ、益繁昌シ、其集散ノ遲キハ、漸ク衰微スベシ。商賣ト云ヒ、交易ト云フハ、皆此集散ヲ云フナリ。而シテ其集散ノ遲速ヲ生ズルハ、道路、橋梁、舟、車等ノ便ト不便トニ由ルナリ。

サレバ、人間ハ、孤立シテ、生業ヲ營ムヿ能ハズ、互ニ相依リ相親ミテ、始テ世ニ立ツヿヲ得ベシ。但シ外國トノ交易ハ、國家富強ノ事業ニ關シテ、大ニ注意スベキモノナリ。

皆然ラザルハナシ。斯ク、往來交通ヲ斷ツヿ能ハザルハ、何故ナルノ。即チ一町村ニテ產出製造スル物ニハ限アレ𪜈、人民ノ求ムル物ニハ限ナケレバナリ。人民ノ求ムル物ニ限ナキ𪜈ハ、是ヲ如何ニスベキカ。即チ町村人民ノ中ニテ、他ノ土地ヨリ各種ノ物品ヲ買ヒ來リ、以テ其求ニ應ズル者無カル可ラズ。是レ商賣ノ起ル所以ナリ。

各國ノ土地、氣候、相同ジカラザルガ爲ニ、其產出製造スル物品モ、亦各相同ジカラズ。彼地ニハ、多ク麻ヲ作リ、此地ニハ、多ク綿ヲ作ルヿアリ。或ハ、此國ニハ、海アルガ爲ニ、魚類多ク、彼國ニハ、山アルガ爲ニ、材木多キ等ノ事アリ。是ヲ以テ、此地ニ餘アル者ハ、是ヲ他國ニ送ルハ、自然ノ勢ニシテ、昌シテ、再ビ身代ヲ興シタリトゾ。
大江、常ニ人ニ向ヒテ云ヘルヤウ、世ノ諺ニ、「金錢ハ、キタナク儲ケテ、奇麗ニ遣ヘ」ト云フヿアリ。サレド、予ハ、奇麗ニ儲ケテ、奇麗ニ遣ハント思フナリ。且「己ノ汗ニテ、己ノ衣食ヲ得ベシ」トハ、賢キ人ノ言ニモ在ルヿナレバ、毎日、斯ク、己ノ職分ヲ勉メテ衣食スルハ、少シモ難儀トハ思ハレズ、却テ、其心ノ樂シキヿ極リナシト。

第十六課　商賣及交易

一町村ノ人民ハ、他ノ町村ノ人民ト往來交通ヲ斷ツヿ能ハズ。一府縣ト他府縣トノ間モ、亦然リ。世界萬國ノ間モ、亦ヨリ起ル者ナリ。貧富、貴賤ハ、天ヨリ授カリタル者ト思フベカラズ。人ハ、其身ノ分限ヲ守リ、時々刻々、勉強シテ怠ラザレバ、身代ノ衰フルヿハナカル可シ。

昔、大江某ト云フ者アリ。數十代連續セル豪家ナリシガ、父ノ代ヨリシテ、不幸打チ續キ、次第ニ身代零落シテ、遂ニ維持スベカラザルニヨリ、魚賣ノ業ヲ始メタリ。是ヨリ、大江ハ、身ニ布衣ヲ着テ、草鞋ヲ穿チ、毎朝、魚ヲ荷ヒテ、知ル人ノ家ヲ賣リ廻レリ。ソレハ、皆久シク交レル人々ナレバ、何レモ大江ノ志ニ感ジテ、常ニ其魚ヲ買ヒ求メタリ。斯ク、買フ人ハ、次第ニ多クナリタレ𪜈、大江ハ、少シモ足レリトセズ、益〻其業ニ勉強セシカバ、世人ノ信用モ、隨テ厚ク、日増ニ繁其木ノ燃エ過ギテ、皆灰トナラヌヤウ、能ク其時刻ヲ計リテ、火ヲ消スナリ。然ル後ニ、其覆ヒタル土ヲ開クトキハ、木ハ、皆燒ケテ炭ノ形トナリ、猶木ノ舊形ヲ存スレドモ、其重量ハ、大ニ減ズ。

吾等ハ、食物ヲ煮、或ハ、寒暑ニ際シ、日トシテ木炭ヲ用ヒザルコトナシ。サレドモ、炭燒夫ハ山林ノ奥ニ、草葺ノ小屋ヲ建テ、是ニ起臥シテ、日光風雨ニ暴露シ、世ノ人ノ考ヘ及バザル辛苦ヲ嘗ムルナラン。

第十五課　大江某ノ話

人ハ、富ミテ榮ユルモ、貧シクシテ衰フルモ、皆其身ノ心掛

四十六

斯ク、爐邊ニ打チ寄リテ、談話ノ樂ヲ得ルハ、只寒ヲ防グベキ火アルニ由レリ。サテ、其火ハ、何ニ由テ存スルカト云フニ、薪、木炭ナドノ如キ焚物アルニ由ルノミ。薪ハ、只木ヲ伐リタルノミノモノナレドモ、木炭ハ、炭燒夫ガ、大方ナラヌ辛苦ニ由テ、是ヲ造リ出ダスモノナリ。

炭燒夫ハ、木炭ヲ造ランガ爲ニ、栗、楢、櫟等ノ木ヲ伐リ、同ジ長サトナシテ、是ヲ石ノ竈ノ中ニ、幾重ニモ積ミ重ネ、其穴ヲ土ニテ覆フ。是ヲ積ミ重ネタル後ニ、其下方ニ火ヲ點ジ、徐ニ其全体ニ燒キ及ボス。サレド、空氣ノ流通少キユヱ、木ノ燃ユルコト、通常ノ焚火トハ同ジカラズ。空氣ノ、最モ能ク通ズル所ノミ燃エテ、其他ノ處ハ、總テ本ノ如シ。炭燒夫ハ、世界ノ中ニハ、常ニ夏ノミニシテ、冬ヲ知ラザル國アリ。斯ル國ニ住マヒスルハ、樂シキガ如シト雖モ、其實ハ、大ニ然ラズ。暑氣、常ニ烈シクシテ、其人民ハ、身体、精神トモニ鈍ク、概子、職業ヲ務メントスル心ニ乏シ。我國ハ、大ニ是ト異ナリ、其氣候ハ、四時、相同ジカラズシテ、四時、又其樂アリ。凡ソ物事ニ變化アルハ、愉快ヲ生ズルノ源ナリト知ルベシ。

春、夏、秋ハ、其樂アルコ、今、更ニ是ヲ言フニ及バズ。只冬ハ、樹木ノ葉モ、枯レ落チテ、風景、殊ニ寂寞タリ。又雪、四邊ヲ埋ムニ及テハ、人々、皆家居シテ、少シモ樂ナキガ如シ。然レ𪜈、一家眷屬ノ者、爐邊ニ打チ寄リテ、種々談話ヲナスハ、又一段ノ樂ナリ。

四十四

ノ國ト云フ後ニ東國ノ字ヲ用フルコトハナレリ。已ニシテ、信濃、尾張ヲ經テ、近江ニ至リ、伊勢ニ出デ給ヒ、遂ニ能褒野ニ至リテ薨ゼラル。御年、三十二歳ナリ。天皇、是ヲ聞シメシテ、深ク悲ミ嘆キ給ヒ、其功ヲ後世ニ傳ヘントテ、武部ト云ヘル一群ノ民ヲ定メラレタリト云フ。此征伐ニ日本武尊ノ、佩ビタリシ草薙劍ハ、後ニ尾張ノ熱田ニ祀レリ。今ノ熱田神社是ナリ。

現人神　天皇ノ御事ナリ。　　島津神　酋長ノ名ニシテ、古ハ、匠ノ人ニマサリタル者ヲ神ト云ヘリ。

國津神　同上。　　武部　日本武尊ノ御名ヲ、後世ニ永ク殘シ傳ヘンガ爲ニ、定メ置カレタル一部ノ民ナリ。

第十四課　木炭

ニ海ヲ渡リテ、上總ニ到ルノ舟中、難風ニ逢ヒ、弟橘媛(オトタチバナヒメ)、海ニ投ゼリ。日本武尊、猶進ミテ陸奥ニ入リ、海路ヨリ蝦夷ノ境ニ至レリ。此時、蝦夷ノ大將島津神(シマツカミ)、國津神(クニツカミ)ト云ヒシ者、其船ヲ望ミ見テ、大ニ恐レ、弓矢ヲ投ゲ出ダシ、拜シテ曰ク、君ノ容貌ヲ見奉ルニ、凡人ニ非ズ、神人ニヤアラント思フ。願クハ君ノ名ヲ告ゲ給ヘヨト。日本武尊曰ク、吾ハ、是レ現人神(アラヒトガミ)ノ子ナリト。蝦夷、益〻恐レテ、降參ヲ請ヒタレバ、其大將ノミヲ捕ヘタリ。是ニ於テ、蝦夷、全ク平グ。

日本武尊、軍勢ヲ引キ返シテ、常陸ヨリ武藏、上野ヲ經テ、碓氷嶺ヲ過ギ給フ時ニ、東南ノ方ヲ望ミテ、弟橘媛ノ死ヲ悼ミ、吾嬬(アツマ)ハヤト宣ヘリ。是ヨリ、其東南ニ當レル諸國ヲ、吾嬬景行天皇ノ時ニ、蝦夷、屢、攻メ來リテ、東國、安カラザリシカバ天皇、日本武尊ニ命ジテ、是ヲ伐タシメラル。是レ東夷征伐ノ最初ナリ。日本武尊、命ヲ奉ジテ、軍勢ヲ引キ連レ、先ヅ駿河ニ至リテ、其土賊ヲ破リ、進ミテ相摸ニ至リ、遂

北海道ノ土人

いさむるさまなる、春のあけぼの。

四十

第十三課　日本武尊ノ東夷征伐

北海道ノ土人ヲ、古ハ、蝦夷、又ハ、東夷ト呼ビテ、多クハ、關東、奥羽ノ地ニ散在シ、冬ハ、穴ノ中ニ住マヒ、夏ハ、巣ノ如キ物ノ中ニ居リ、獸皮、獸毛ヲ衣服トシ、獸肉、魚、介ヲ食トシ、男女トモニ体ニホリモノヲナセリ。其山ニ登ルコノ速キハ、飛禽ノ如ク、草ノ中ヲ行クコハ、走獸ニ似タリ。常ニ同類ヲ集メテ攻メ來リ、是ヲ伐テバ、忽チ草ノ中ニ隱レ、追ヘバ、直ニ山林ニ逃レシモノナリ。サレバ、蝦夷等ガ、吾國人ヲ害セシコハ、世々ノ天皇、深ク憂ヘサセ給ヒシ所ナリ。

一滴ノ水ニ就テ、種々ノ事ヲ學ビタリ。此後ハ、常ニ早ク起キテ、事物ノ理ヲ窮メ、世ニ勝レタル人トナラント。

第十二課　閨の板戸

ねやのいたどの、あけゆくそらに、
あさ日のかげの、さしそめぬれば、
ねぐらをいづる百八十鳥れ、
霞のうちに、友よびかれし、
夢みるてふも、とくおきいで丶、
むれつ丶花に、まひあそぶなり。
あさいねする身の、そのおこたりを、

是レ空氣中ニアル水蒸氣ガ、寒冷ノ壜ニ觸レ、忽チ凝縮シテ水トナリ、斯ク外面ニ附着スルナリ。サレバ、水蒸氣ハ、凡テ、冷氣ニ逢ヘバ、再ビ水ニ還ルモノタルヲ知ルベシト。次郎ハ、是ヲ聞キ、忽チ大聲ニテ曰ク、兄上ヨ、余ハ、今、水玉ノ理ヲ悟レリ。是レ夜間ノ水蒸氣ガ、寒冷ナル芋ノ葉ニ觸レテ、凝縮シタルナラント。太郎ノ云ク、汝ハ、能クモ其理ヲ悟リタルゾ。凡テ、夜間ノ水蒸氣ハ、冷ナルモノニ逢ヘバ、凝縮シテ水滴トナル。サレドモ、芋ノ葉ハ、皿ノ形ヲナシテ、且油質ヲ含ムガ故ニ、水滴ハ、平ニ其面ニ附クコ能ハズ、自ラ集合シテ、斯ク奇麗ナル水玉トナル。是ヲ露トハ云フナリト。次郎ハ、此話ヲ聞キ、大ニ喜ビテ曰ク、今朝ハ、早ク起キタル爲ニ、シガ、ヤガテ、ソレハ、氷ニアラズヤト答ヘタリ。太郎ノ云ク、然リ。サレ𪜈、水ハ、其外ニ、猶形ヲ變ズルヿアリ。今、此皿ノ水ヲ、數日間、日光ニ晒スト丰ハ、此水、全ク乾クベシ。是レ其蒸發シテ、空氣中ニ入ルニ由ルナリ。是ヲ水蒸氣ト云フ。彼庭ニマキタル水ノ、次第ニ乾キ去ルモ、其理、亦是ニ同ジ。サレバ、水ノ性質ニハ、三種ノ狀態アルヿヲ知ルベシ。其一ハ、流動スル狀態ニシテ、學問上ノ名ニテハ、流動体ト云ヒ、其二ハ、固結スル狀態ニテ、是ヲ固形体ト云ヒ、其三ハ、蒸發スル狀態ニシテ、是ヲ氣体ト云フ。

又、爰ニ、冷水ヲ盛リタル壜アリ。斯ク外面ニ水滴ノ附着セルハ、何故ナルゾ。汝、此理ヲ知ラバ、自ラ水玉ノ理ヲ悟ラン。

雨モ降ラザリシニ、斯ク水玉ノ殘リタルハ、何故ナルゾト、獨リ心ニ怪ミタリシガ、偶、兄ノ太郎モ、此ニ來リタレバ、走リ寄リテ、吾疑ヲ質セリ。太郎ハ、大ニ喜ビ、人ハ、何事ニヨラズ、疑ヲ起シテ問フヿヲ好マザレバ、學問ハ、進マヌモノナリ。汝ハ、能クモ此ノ如キ疑ヲ起シタルヨトテ、直ニ次郎ヲ連レ歸リテ、水玉ノ話ヲ始メタリ。

太郎ノ云ク、汝、彼水玉ノ理ヲ知ラント欲セバ、先ヅ水ノ性質ヲ學ブベシ。今、此壜ノ水ヲ皿ニ移ス𪜈ハ、水ハ、斯ク平ナル表面トナル。是ヲ水平ト云フ。是レ水ノ性、常ニ流動スルニ由ルナリ。サレド、水ハ、時ニヨリ、固マリテ流動セザルヿアリ。汝ハ、是ヲ何ト云フカヲ知レリヤト。次郎ハ、暫ク考ヘ命セリ。是ヨリ人、皆皇子ヲ尊ビテ、日本武尊トハ云ヒシナリ。

結髪（カミヲムスビタルヿ。）

第十一課　一滴水ノ話

夏ハ、暑キ時節ナレ𪜈、朝ノ間ハ、氣候モ涼シク、殊ニ園、畑ナド、草木ノ茂リタル處ハ、心体共ニ快ク、又ハ、種々ノ事ヲ知ル機會トナルベシ。或ル夏ノ朝、次郎ハ、早ク起キテ運動シ、思ハズ園外ナル畑ノ道ニ出デタリ。折節、畑ニハ、青芋、生ヒ茂リ、其葉ノ上ニハ、皆一滴ノ水玉ヲ載セ、朝日ニ映ジテ、緑光ト赤光トヲ放テリ。次郎ハ、其處ニ立チ止マリテ、昨夜ハ、ニ懼レテ、直ニ逃ゲ出ダシヽニ、日本武尊、是ヲ追ヒ、其臀ヲ刺シタリ。尋常ノ人ナラバ、爭デカ是ニ堪フベケン。ザレ𪜈、弟建ハ、少シモ屈スル色ナク、大聲ニテ皇子ヲ呼ビテ曰ク、請フ暫ク待タレヨ、君ハ、モト是レ何人ナルゾト。日本武尊ノ曰ク、我ハ、日本童男（ヤマトヲグナ）ニシテ、天皇ノ皇子ナリ。汝等、吾天皇ニ歸服セザルニヨリ、天皇、我ヲ遣シテ、汝等ヲ討タシムルナリト。

弟建、是ヲ聞キ、大ニ恐レ、更ニ辭ヲ改メテ云ヘルヤウ、西國ニハ、我等二人ノ強勇ニ敵スル者ナシ。此故ニ我自ラ熊曾建ト稱セリ。圖ラザリキ、君ノ、我ニ勝ラントハ。今ヨリハ、更ニ皇子ヲ尊ビテ、倭建御子（ヤマトタケルノミコ）ト云ハント、言ヒ終リテ、遂ニ絕ヲ與ヘナドシテ、是ヲ愛セリ。

已ニシテ、夜深ク人散ジ、熊曾建モ、大醉シテ座ニ倒ル。日本

日本武尊

武尊ハ、是ヲ見テ大ニ喜ビ、直ニ短劍ヲ懷ヨリ取リ出ダシ、兄建ノ襟ヲ捉ミ、其胸ヲ刺シ貫キテ、遂ニ是ヲ殺シタリ。

弟建ハ、其武勇

疏水 水ヲ引クヿ。

第十課　日本武尊ノ武勇

日本武尊ハ、景行天皇ノ皇子ニシテ、武勇ノ人ナリキ。天皇、此皇子ヲ遣シテ、熊曾建（クマソタケル）ヲ討タシメラル。是レ熊曾建ノ兄弟ハ、共ニ強勇ニシテ、王命ニ從ハザリシ故ナリ。

熊曾建ハ、新ニ別室ヲ造リ、其落成ヲ祝セントテ、親戚、故舊ノモノヲ招キテ、酒宴ヲ開キタルヿアリ。時ニ、日本武尊ハ、年、十六歲ナリシガ、童男ノ結髮ヲ振リ亂シテ、童女ノ姿トナリ、童女ノ衣服ヲ着テ、短劍ヲ懷ニ隱シ、侍女ト共ニ熊曾建ノ酒宴ニ侍シタリ。熊曾建ハ、其男ナルヲ覺ラズ、頻ニ杯故ニ將來、此地ハ、製造ノ盛ナルガ上ニ、商業モ、益、榮エ行クヿナラン。

製造ノ中ニテモ、西陣ノ織物ヲ以テ、最モ盛ナリトス。金襴、錦、繻子、純子、天鵞絨ナドハ、他國ニテ摸擬ス可ラザルモノナリト云ヘリ。又京染トテ、染物ノ業、日本第一ト稱ス。友禪染、鴨川染ノ類ハ、殊ニ著シキ者ナリ。是レ此地ノ水質、能ク染物ニ適スルガ故ナリ。織物ニ次テ盛ナルハ、陶器ナリ。清水坂ニテハ、石燒ノ染付ヲ作リ、又土燒ヲモ出ダス。粟田ヨリモ、土燒ヲ出ダス。中ニモ、金襴手、錦手等ハ、殊ニ美麗ナル物ナリ。其外、彫刻、塗物、蒔繪ノ類ヨリ、扇子、針、紅、白粉、雛人形、菓子、香煎ニ至ルマデ、何レモ精巧ナラザルハ無シ。

ズ。且河流淺クシテ、運輸ニ便ナラズ、爲ニ商業ノ不振ヲ來セリ。然レドモ、古來、製造ノ業ハ、繁盛ニシテ、殊ニ巧ナリ。近來ニ至リテハ、益〻商業ヲ盛ナラシメンガ爲ニ、已ニ鐵道ヲ設ケ、又疏水ノ大工事ヲ起シテ、近江ノ湖水ヲ引キ入ルヽコトヲ謀ル。

紫宸殿

呼ベリ。中世ノ兵亂ニテ、右京ハ、盡ク荒レ果テ、田舍トナリ、左京モ、亦七條ヨリ下ハ、同ジ樣トナリタリ。サレド、洛外ハ、市街、長ク續キテ、昔ニ比スレバ、反テ大ニ開ケタリ。

今ノ京都ハ、四通五達ノ街、相並ビ、人口モ、凡ソ二十五萬アリト云ヘリ。其繁華ナル中ニモ、三條通、四條通、寺町通、新京極通等ノ市店ハ、恰モ櫛ノ齒ノ如クニシテ、道行ク人ハ、織ルニ似タリ。北ニハ、皇居アリ、二條ノ城アリテ、共ニ宏壯ナリ。其外、神社、佛閣ノ、目ヲ驚カスモノ數知レズ。府外ニテハ、東ニ加茂川、東山ノ眺アリ、西ニハ、大井川、嵐山ノ勝地アリテ、名所舊蹟、殊ニ多シ。

京都ハ、東、西、北ノ三方トモ、皆山ニシテ、通路ノ不便少カラ

京都

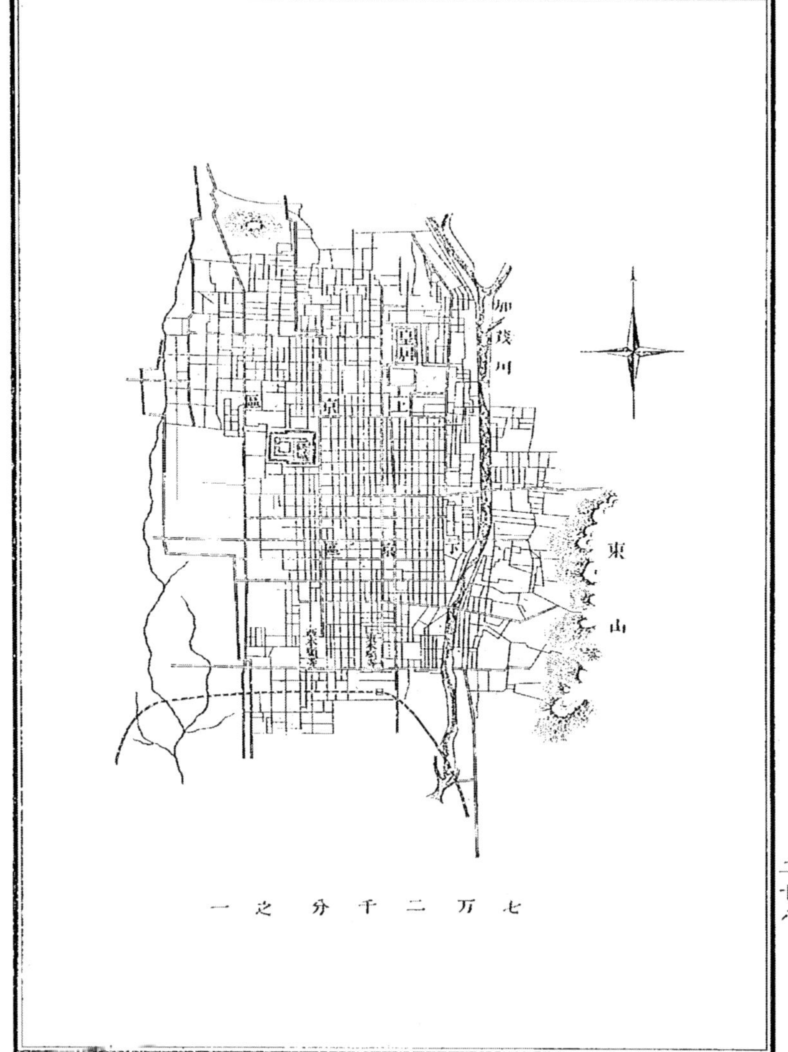

二十八

等ハ、皆首飾、項飾ナドニ用ヒ、其人、死ヌレバ、生時、愛シタル物ナリトテ、是ヲ死骸ト共ニ埋ムヲ常トセリ。

第九課　京都

京都ハ、昔、桓武天皇ノ、皇居ヲ定メ給ヒシ地ニシテ、夫ヨリ千百餘年ノ間、累代ノ帝都タリ。明治ノ初メ、東京ヲ以テ皇居ト定メ給ヒシカド、京都ハ、猶三府ノ一ニ居リ、其繁華ナルヿハ、日本第三ノ都會ナリ。

京都ハ、山城國、葛野（カドノ）、愛宕（オタギ）ト云ヘル二郡ニ跨リテ、地勢ハ、概子、平坦ナリ。古ハ、京都ヲ二ツニ分ケテ、東ヲ左京ト云ヒ、西ヲ右京ト云ヘリ。又加茂川ヲ限リ西ヲ洛中、東ヲ洛外トモ古器物ニ二種アリ。即チ粗キ石器ト、磨キ上ゲタル石器トナリ。矢ノ根石、天狗ノ飯匙、フンドン石等ハ、粗キ石器ニシテ、雷斧、雷槌、石劍、勾玉、管玉等ハ、磨キ上ゲタル石器ナリ。矢ノ根石ハ、戰爭ニ用ヒ、天狗ノ飯匙ハ、工事、又ハ、農事ニ用ヒ、フンドン石ハ、漁業ニ用ヒタル道具ナルベシ。雷斧、雷槌、石劍ハ、武器ナルベシ。雷槌ニハ、種々ノ形狀アリテ、彫物シタルモノサヘアリ。

勾玉、管玉ハ、多クハ、古塚ヨリ掘リ出ダシテ、其質ハ、玉、瑪瑙ナドニテ造リ、其色ハ、種々ナレド、多クハ、美麗ナリ。是等ノ玉石中ニハ、吾國ニ無キ物モアレバ、或ル學者ハ、外國ヨリ來リタル人民ノ、所持セシモノナラント云ヘリ。勾玉、管玉

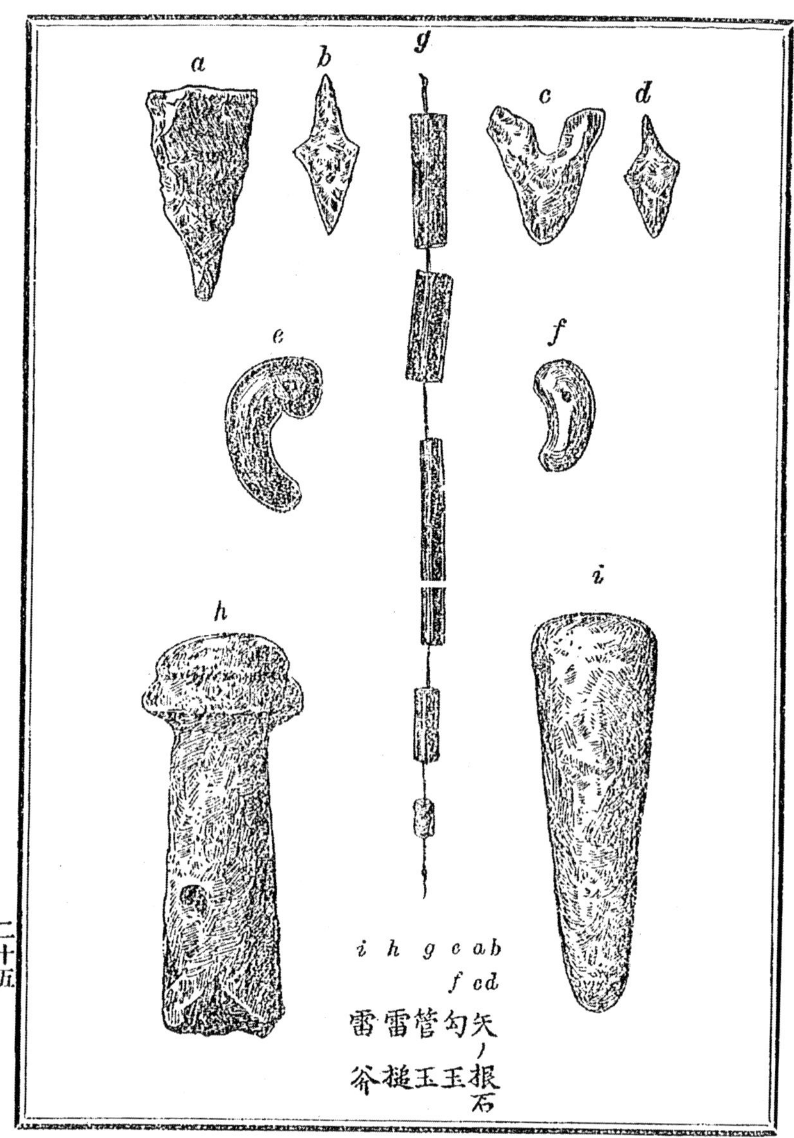

二十五

第八課　日本古代ノ略説

吾國、古代ノ事ハ、明ニ知ルベカラズ。古キ記錄モ、人々ノ話シ傳ヘタル事ヲ、書キ集メタル者ナレバ、其話シ傳フル間ニハ、洩レタル事モアルベク、又無キ事ヲ書キ加ヘタルモ、無キニハアラザルベシ。ザレバ、古代ノ記錄ハ、悉ク信ズベキ者トハ、言ヒ難カラン。

近來ニ至リ、古物ヲ研究スル學問、漸ク進歩シテ、吾國ノ古物ヲモ、此學問ニ由テ、研究スルトキハ、少シハ、古代人民ノ有様ヲモ、知ルヿヲ得ベシ。巳ニ二三ノ學者ハ、吾國ノ古物ヲ研究シテ、其書ヲ著シ、古キ記錄ニ載セザル事ヲ發明セシヿ少カラズ。

ルモノ、ナルベシ。太古ニ在リテハ、人々、皆洞穴ノ中ニ住マヒ、石ノ道具ヲ用ヒテ、種々ノ物ヲ作リ、ソレヨリ少シク進ミテハ、樹木ノ枝ナドヲ、結ビ付ケテ、屋根トナシ、或ハ、太キ樹ヲ地ニ立テヽ、其上ヲ獸皮ニテ蓋ヒ、以テ粗糙ノ小屋ヲ作レリ。野蠻人ニハ、今、猶斯ル家ニ住マヒスルモノアリ。人智、漸ク進ムニ從ヒ、石ノ道具ニ代フルニ、銅器ヲ以テシタリシガ、遂ニ今日ニ至リテハ、銕器ヲ用ヒテ、堅牢ナル家屋ヲ建ツルヿヲ得ルニ至レリ。サレバ、吾等ガ、一家屬ト相親ミテ、此愉快ナル吾家ニ住マヒスルハ、如何ニモ幸福ナルヿナラズヤ。只此幸福ヲ足レリトセズ、益々進ミテ、益々愉快ナランヿヲ求ムルハ、吾等ノ務トコソ云フベケレ。

切リ、材木ヲ削ルニハ、種々ノ道具ヲ要ス。サレバ、鍛冶屋モ、又無カルベカラズ。

家屋ノ大体、已ニ建テ上ガリヌレバ、家根屋、瓦師、左官、疊屋、經師屋等ヲ雇ヒテ、家根ヲ葺カセ、壁ヲ塗ラセ、又疊、建具ヲモ造ヲシム。斯クテ、其全体ハ、稍〻落成ストモ、未ダ是ノミニテハ、吾家ト稱スベカラズ。因テ家財、諸道具ヲ買ヒ入レ、衣服、飲食ノ用ヲモ辨ズベシ。是等ノ物、十分備ハリテ、一家眷屬ノ者、朝夕、相親ミ相樂ミ、以テ各其業ヲ勉ムルニ至リテ、始テ吾家トハ稱スルナリ。

吾等ハ、斯ル愉快ナル家ニ住ムヿヲ得レ𪜈、其昔ヲ尋ヌレバ、今日ノ如キ家ヲ建ツルニ至リシハ、種々ノ變革ヲ經タハ、何人モ、入ルヿヲ得ズ。而シテ家財、道具、戸締、塀ナドハ、更ナリ、是ニ住マヒスル父母、兄弟、姉妹ヨリ、婢僕ニ至ルマデ皆吾家ト云フ語ノ中ニコモレリ。又犬、猫、牛、馬ヲ飼ハントスルモ、庭園ノ草木ヲ培養セントスルモ、皆吾家ト云ヘルモノ、アルヨリ、斯ル念ヲ生ズルニアラズヤ。

斯ク、吾家ハ、大切ナル者ナレドモ、固ヨリ偶然ニ存在シタル者ニ非ズ。是ヲ建築シテ、吾等ノ住マヒスルマデニハ、幾何ノ勉強ト勞動トヲ要シ、又幾何ノ費用ヲ要シタルナラン。

先ヅ、家ヲ建テンニハ、其家ノ圖面ヲ製シ、大工、石屋、材木屋等ニ、木石類ヲ注文シ、爰ニ、始テ建築ニ着手スルナリ。而シテ其石ト材木トヲ運送スルニハ、多クノ人夫ヲ要シ、石ヲ此話終ハリテ、照若ハ、直ニ其室ヲ去リタリ。妹ハ、ヒトリ蒲團ノ上ニ横ハリテ、獨語シテ云ク、花冠ハ、植物ノ冠ナリ。蕚ハ、其形、杯ニ似タリ。雄蘂ハ、花粉ヲ有シ、雌蘂ハ、種ヲ造ル器ナリト。

雄蘂ヲシベ。　　雌蘂メシベ。

第七課　吾家

吾等ハ、皆吾家ニ住マヒスト云フ。サレド、吾家ト云フハ、如何ナル譯ナルゾ。只己ガ、住マヒスルニ由テ、斯ク名ヅケシニヤ、能ク考ヘ見ルベシ。

吾家ハ、モト父母ノ所有スル者ナレバ、其許ヲ受ケズシテアリ。サレド、其形ハ、葉トハ、相同ジカラズ。又、此花冠ヲ取リ捨ツレバ、緑色ノ物ハ、何ニ似タリト思フカ。汝モ、是ハ、杯ノ形ニ似タリト思フナルベシ。是ヲバ、蕚ト名ヅクルゾト話シタリ。

次ニ、又、花冠ノ中ニ、細キ柱五本アリ。是ヲ見ヨ、此頂ニハ、各斯ル細微ノ粉ヲ有ス。此粉ヲ有スル柱ヲ、雄蕋ト云ヒ、其粉ヲバ、花粉ト名ヅク。雄蕋ノ内側ニ、又、花粉ヲ有セザル一本ノ細キ柱アリ。此細キ柱ハ、花ノ中ニテ、最モ大切ナル者ナリ。花ノ種ヲ結ブハ、只此細キ柱アルガ故ナリ。是ヲ雌蕋ト云フ。サレバ、細ニ分ツトキハ、花ハ、蕚、花冠、雄蕋、雌蕋ノ四ツヨリ成レリ。汝、能ク是ヲ記憶スベシト教ヘタリ。

照若ハ、又、庭ニ行キテ、朝顔ヲ取リ來リ、是ヲ妹ニ示シテ、此奇麗ナルコップ(Cup)ノ如キ處ヲ、花冠ト云フ。凡ソ、花ハ、植

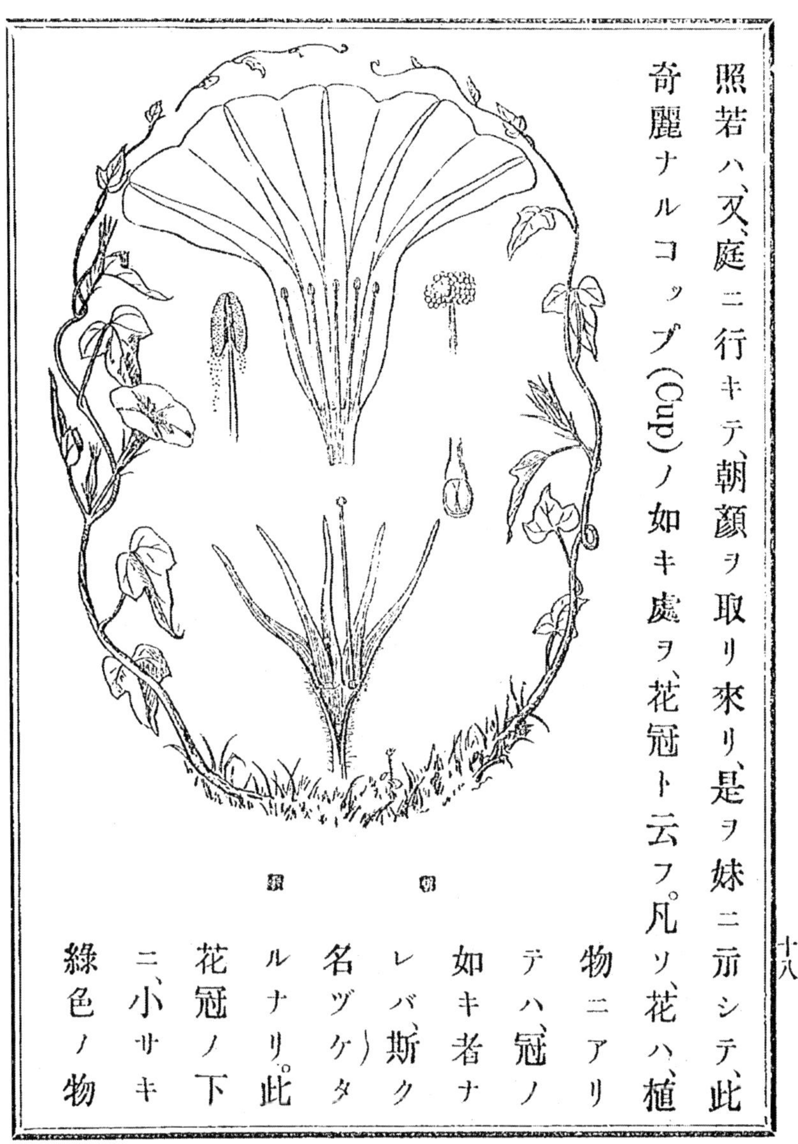

朝顔

物ニアリテハ冠ノ如キ者ナレバ、斯ク名ヅケタルナリ。此花冠ノ下ニ、小サキ綠色ノ物

好ミ、歸レバ、其習ヒタル事柄ヲ、妹ニ說キ示スヲ樂トセリ。
今日ハ、日曜日ナレバ、朝ヨリ妹ノ室內ニ遊ビ居タリ。
照若ハ、妹ニ向ヒ、オ初、予ハ、今、汝ニ植物ノ事ヲ說キ示サン。
此一枚ノ葉ノ一端ニ柄アリ、恰モ團扇ノ柄ノ如シ。是ハ、葉柄ト云フモノナリト。妹ハ、オ、兄樣、其葉ノ端ニ、二枚ノ小サキ若葉アリ。ソレヲ何ト名ヅクルゾト問ヒケレバ、兄ハ、汝ハ、能クソレヲ認メタリ。此二枚ノ小サキ葉ハ、托葉ト云フモノナリト教ヘタリ。

葉ノ圖

便局、及汽車、汽船等アリテ、内外ノ交通、日ニ益繁多ナリ。人口ノ如キモ、近年大ニ增加シ、已ニ百萬人ニ餘リ、旅客ヲモ合算スレバ、百二三十萬人ニ下ラザルベシ。隆盛ノ勢、其極マル所ヲ知ラズ。

内郭（ウチグルワ）。　外郭（ソトグルワ）。

第六課　兄ノ親切

或ル家ニ、オ初ト云ヘル娘アリケルガ、病身ナリシカバ、常ニ室内ニノミ閉ヂ籠リ、憂キ歲月ヲ送リタリ。兄ノ照若ハ、身体健康ニシテ、且活潑ナリシガ、已ノ身ニ引キ換ヘテ、妹ヲイタハルヿ、殊ニ深カリキ。照若ハ、日々學校ニ行クヿヲ後樂園ヲ以テ、殊ニ幽靜ノ地トス。上野公園ハ、府內ノ公園中ニ冠タリ、老樹森々トシテ、不忍池ニ臨ミ、幽靜殊ニ愛ス可シ。然ルニ、櫻花ノ時節ニハ、滿山悉ク花トナリ、遊客、雜沓織ルガ如シ。其他、淺草、向島、飛鳥山モ、四時遊觀ノ場所ナリ。」

抑、本府ハ、帝國政府ノアル所、學藝、商工、百般ノ事業ノ備ハル所、各地物産ノ輻湊スル中心ナレバ、學藝、商工、日ヲ逐ヒ、月ヲ重ネテ、隆盛ニ赴クノ勢ナリ。學藝ヲ研究スルニハ、帝國大學、高等師範學校、高等中學校、高等商業學校、職工學校、高等女學校、美術學校、音樂學校、博物館、書籍館、陸海軍省ノ諸學校、農林學校、其他、私立高等學校等アリテ、生徒ノ就學スル者、殊ニ多シ。通信交通ノ便ヲ謀ルニハ、中央電信局、郵府内ノ製造所ハ、日々盛大トナリ、其數、幾百ナルカヲ知ラズ。中ニモ砲兵本廠、赤羽（アカバネ）製作場、印刷局、千住（センジユ）羅紗製造所、王子抄紙場、石川島造船所、品川硝子製造所等ハ、其大ナル者ナリ。

府内ノ園囿ハ、吹上（フキアゲ）ノ禁苑、青山離宮、濱（ハマ）離宮、

京橋

戸城ナリ。其周圍ニハ、數重ノ濠ヲ遶ラシ、內郭ト外郭トヲ分ッ。諸官省ハ、多ク內郭ノ中ニアリ。府內ノ廣サ、東西三里、南北四里アリ。是ヲ分チテ十五區トス。

隅田川ハ、大川トモ云フ。府ノ東ヲ流レテ、江戸灣ニ入ル。是ニ五大橋ヲ架シテ、本所、深川ニ通ズ。此川ハ、府內ノ溝渠ニ通ジテ、海運ノ業モ、是ガ爲ニ、甚ダ便利ヲ得タリ。

府內ニテハ、日本橋區、京橋區、神田區ヲ以テ、繁華ノ市街トス。縱橫ニ溝渠ヲ掘リテ、是ニ數百ノ橋ヲ懸ケ渡セリ。京橋、新橋ノ間ハ、道幅甚ダ廣ク、其兩側ニ樹木ヲ植エ、肆店ハ、皆煉瓦ヲ以テ築造セリ。又日本橋區ニアル日本橋ハ、全國里程ノ元標ナリ。

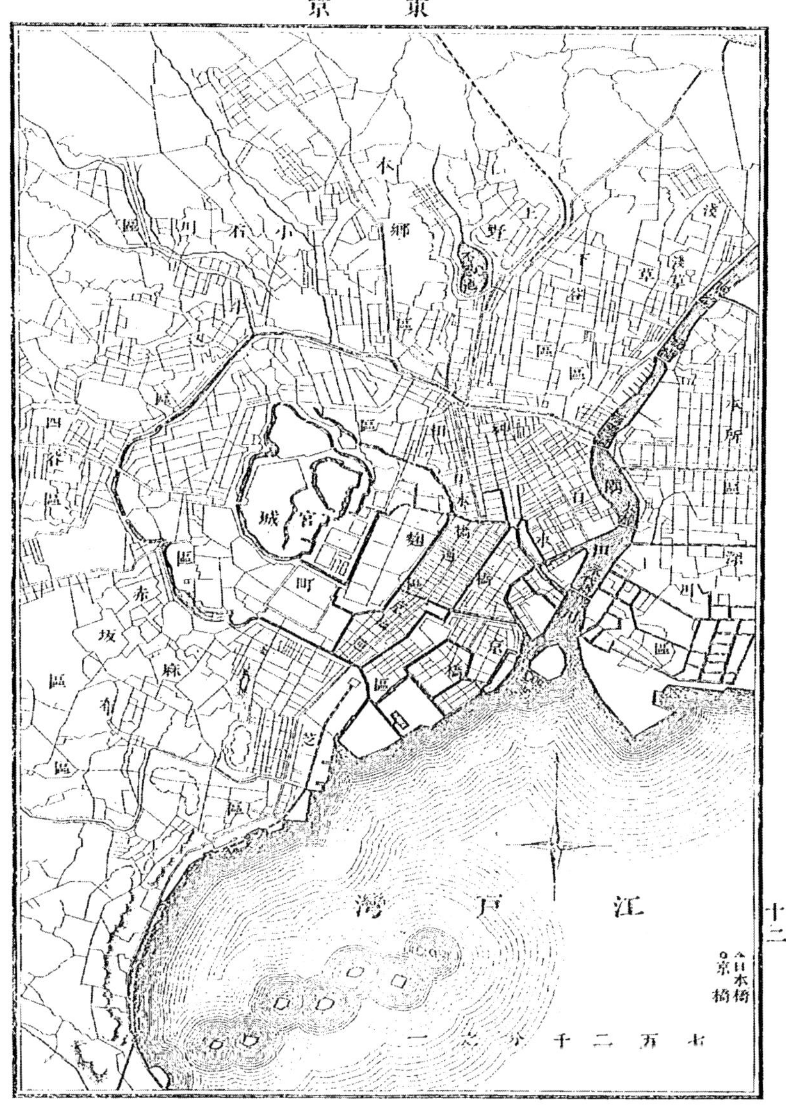
東京
小石川區
本鄉區
上野
不忍池
下谷區
淺草區
神田區
宮城
麴町區
日本橋區
京橋區
四谷區
赤坂區
麻布區
芝區
本所區
深川區
江戸灣
七万二千分之一
十二
日本橋
京橋

國ノ五港ト云ヒ、商賣上ノ取引ハ、內外國ニ關シテ最モ盛ナリ。其他、戸數三四萬前後ノ都會、數多ク、皆吾國中ニテ、商賣、製造トモニ、多少盛大ナル處ナリ。

第五課　東京

東京ハ、吾國ノ首府ナリ。昔ハ、江戸ト稱ヘ、世々、德川氏ノ居城ナリ。邸宅、肆店、櫛比シテ、二百六十餘年ノ間、繁榮セリ。明治維新ニ至リ、改メテ東京ト名ヅケ、皇居ヲ此ニ定メラレ、其繁華ハ、昔日ノ比ニ非ズ。

東京ノ地勢、東ハ、平地ニシテ、西ハ、丘陵ナリ。東南ニハ、江戸灣ヲ控ヘ、東北ニハ、隅田川ヲ帶ブ。中央ニ皇居アリ、昔ノ江ミ、富豪ノ人モ少カラズ、其家數モ、少キハ、二三百戸ヨリ、多キハ、一萬戸以上ニ至リ、或ハ、十萬戸以上ナルモアリ。其大ナルハ、皆都會ト稱ス。其人口ハ、固ヨリ家數ニ準ジテ多少アルヿ、推シテ知ルベシ。

東京、大坂、京都ハ、最モ繁盛ナル都會ニシテ、全國ノ都府ト稱シ、是ヲ三府ト稱ヘ來レリ。中ニモ東京ハ、天皇陛下ノ居ラセ給フ所、政府ノ在ル所ニシテ、全國ノ政事ハ、皆此地ヨリ發セラル。故ニ是ヲ首府ト稱シテ、商賣、製造ノ業モ亦盛ナリ。又昔ヨリ大坂ハ、專ラ商賣ノ業、京都ハ、製造ノ業ヲ以テ名アリ。

三府ニ次グモノハ、横濱、神戸、長崎、新潟、函館ニシテ、是ヲ吾ヘザリシゾト問ヒケレバ、喜太郎、聲ヲ勵マシテ曰ク、獸類ト雖モ、我ニ助ヲ求ムル時ハ、是ヲ救フヿ、人ノ道ナリ。彼子鹿ハ、其容貌ヲ以テ、助ヲ我ニ求ム。我レ固ヨリ是ヲ害スルニ忍ビザルナリト。

第四課　都會

此生徒ノ中ニハ、村ニ生レタルモアルベク、又町ニ生レタルモアルベシ。サレド、村ト町トハ、如何ナル區別アルヅ。汝等ハ、已ニ其區別ヲ知ルヤ否ヤ。

村ハ、農業ヲ營ム人ノ、多ク住ム處ニシテ、其家數モ多カラズ、且處々ニ散在セリ。町ハ、人多ク相集リテ、商業、工業ヲ營喜太郎ノ傍ニ立チテ、首サシ延ベ、血バシル眼ニテ、遠近ヲ視廻シヽハ、犬ノ所在ヲ見極メントセシナルベシ。

喜太郎ハ、近ク子鹿ノ傍ニ寄リテ、其頭ヲ撫デシニ、子鹿ハ、敢テ是ニ逆フヿナシ。是レ喜太郎ハ、已ノ敵ニハアラズシテ恩人ナリ。此人ノ助ナケレバ、已ハ、犬ノ爲ニ殺害セラルベカリシヿヲ知リタルニ由ルナラン。喜太郎ハ、手ニ水ヲ汲ミ來リテ、是ニ飲マシメ、又食物ヲモ與ヘタルニ、子鹿ハ、少シモ恐ルヽ色ナシ。子鹿ハ、其親切ニ感ジタルニヤ、此日、一日ハ、喜太郎ノ傍ヲ去ラズ、其翌朝ニ至リ、靜ニ林中ニ歸リ去レリ。

或ル人、此事ヲ聞キ、喜太郎ニ向ヒテ、汝、何故ニ、其子鹿ヲ捕タリ。其時、年ノ頃十四五ナル喜太郎ト云ヘルハ、森ノ外ニテ、薪ヲ伐リ居タリシガ、何心ナク、森ノ方ヲ見ルニ、一匹ノ子鹿、己ニ向ヒテ飛ビ來レリ。已ニシテ、三匹ノ黑犬、又森ノ中ヨリ驅ケ出デタリ。喜太郎ハ、是ヲ見テ、忽チ傍ノ小石ヲ拾ヒ取リ、黑犬ニ抛チシカバ、黑犬ハ、是ニ恐レ、跡ヲモ見ズシテ、逃ゲ去リヌ。此時、子鹿ハ、

少年子鹿ヲ救フ

第三課　子鹿ノ話

或ル日、一匹ノ子鹿、若葉ヲ食ヒ飽キテ、林ノ外ニ臥シ居タリ。時ハ春ノ頃ナレバ、花ハ、四邊ニ咲キ亂レテ、笑メルガ如ク、鳥ノ囀ル聲モ、殊ニ樂シク聞エケリ。子鹿ハ、何物ニ驚キシニヤ、俄ニ飛ビ起キタリ。鳥ノ歌フ聲ニ驚キタルニモアラジ、花ノ咲キ亂レタルヲ見テ、驚キシニモアラジ。恐ラクハ、其跡ヲ嗅ギ付ケテ來リタル犬ノ遠吠ヲ聞キシナラン。忽チ飛ビテ、林中ニ入リシガ、ソノ走ルコノ速カリシハ、恰モ鳥ノ、空中ヲ飛翔スルニ異ナラザリキ。

子鹿ハ、又更ニ樹木ノ深ク繁リタル森ノ中ニ隱レタレド、三匹ノ黑犬、其跡ヲ追ヒ來リ、今ヤ子鹿ニ飛ビ付カントシハ、是ヲ聞キ、如何ニモ斯ル人ニ出デ遇ヒタリ。汝、如何ニシテ嘗テ見ザリシ人ヲ、斯ク精密ニ知リ得ルカト。野蠻人云ク、其人ノ身ノ長ケ矮シト云フハ、獸肉ヲ取ランガ爲ニ、石ニテ踏臺ヲ造リタレバナリ。又其老人ナリト云フハ、沙上ニ殘リタル足跡ノ距離、甚ダ近ケレバナリ。又尾ノ短キ小犬ヲ連レタリト云フハ、其老人ガ、沙上ニ坐シテ、彼獸肉ヲ食フニ當リ、其側ニ犬ノ蹲リ居タル痕跡ニ由テ判斷セリト。遊獵者ハ、是ヲ聞キ、大ニ其觀察ノ精密ナリシニ驚キタリト云ヘリ。此野蠻人ノ如キハ、目ニ一丁字ヲ知ラズト雖モ、能ク眞ノ知識ヲ得ルノ法ヲ知リタルモノト云フベシ。

一丁字　ゴクヤサシキ字。

ヲ見獸ヲ見ルモ、其物ノ形狀、性質ナドニ注意スルニ由リ見ル物トシテ其心ヲ樂マシメザルハナシ。サレバ、事物ヲ精密ニ觀察スルハ、其人ノ知識ヲ增スノミナラズ、其樂ノ場所ヲ廣ムル者ト云フベシ。

爰ニ、或ル野蠻人ガ、能ク目ノ力ヲ用ヒタル話アリ。彼野蠻人ハ、一日、己ガ小屋ニ掛ケ置キタル獸肉ヲ奪ハレタリシカバ、其邊ヲ能ク觀察シテ後ニ、是ヲ奪ヒタル者ヲ捕ヘシトテ、直ニ林中ニ走リ行キタリ。其林中ニテ、二三人ノ遊獵者ニ出デ遇ヒタレバ、其人々ニ向ヒテ、君等ハ、身ノ長ケ矮キ老人ニ遇ヒ給ハザリシカ。予ハ、其人ヲ見タルニハアラザレ𪜈、其人ハ、尾ノ短キ小犬ヲ連レタルナラント。遊獵者

第二課　知識ヲ得ルノ方法

各人自ラ奮發シテ、能ク農、工、商ノ業ヲ勵ムニハ、大ニ知識ニ頼ラザルベカラズ。知識ヲ得ルニハ、只書物ヲ讀ミタルノミニテハ足ラズ、必ズ事物ヲ精密ニ觀察シテ、而シテ後、知識ノ門ニ入リ得ベキナリ。

事物ヲ精密ニ觀察スルニハ、目ノ力ヲ養フヿ、尤モ大切ナリ。目ノ力ヲ養ハンニハ、何ノ事物ニ就キテモ、常ニ目ヲ開キテ、其力ヲ用フルヿニ注意スベシ。若シ注意セザレバ、目ヲ開キ居ルモ、恰モ明キ盲ノ如クニシテ、知識ハ能ク得ラレヌモノナリト知ルベシ。

サテ、能ク目ノ力ヲ用フル人ハ、山川、原野ニ遊ビ、花ヲ見、鳥

大日本國地圖

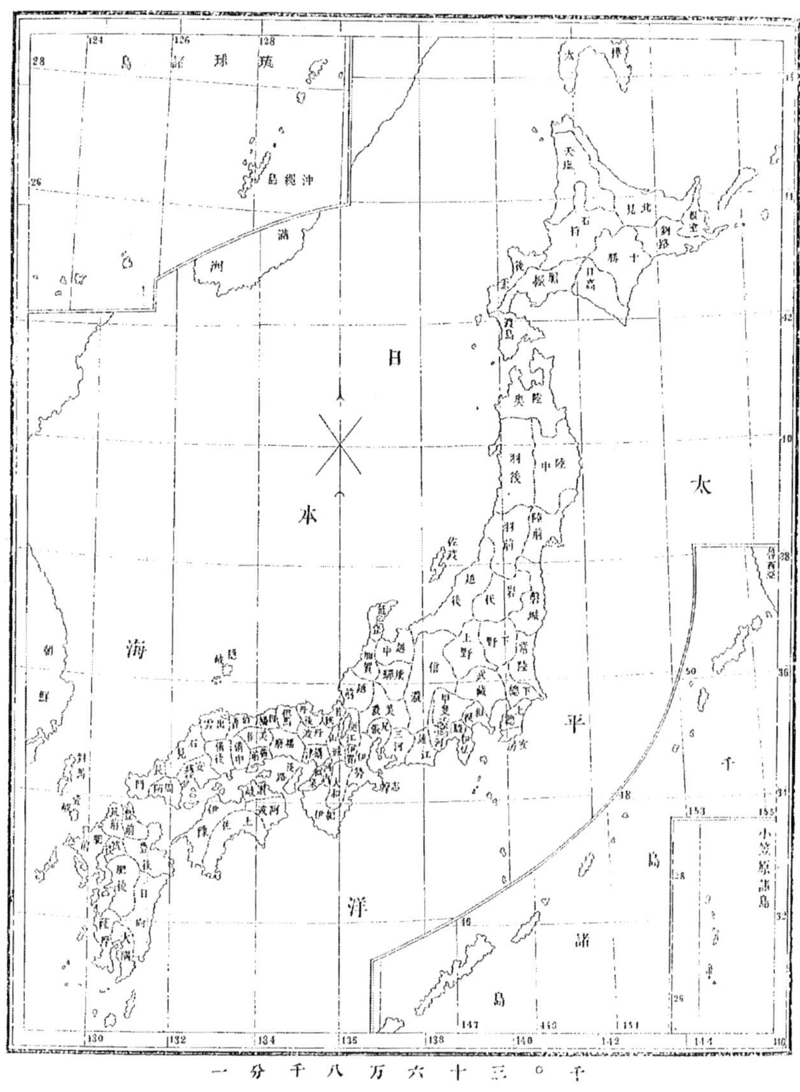

千〇三十六万八千分一

リトス。

學問トハ、唯讀書、習字、算術等ノ課業ヲ修ムルヿノミヲ謂フニ非ズ。常ニ教師、父母、及長上ノ教ニ從ヒテ、言行ヲ正シクスルヿハ、其最モ緊要ナルモノトス。

一

皇御國のものゝふハ、いかなる事をろ、つとむべき。たゞ身にもてるま心を、君と親とに、つくすまで。

（新納武藏守作）

二

皇御國のをのこらハ、撓まず折れぬこゝろもて、よの生業を、つとめなし、國と民とを、とますべし。

二

高等小學讀本卷之一

第一課　吾國

吾大日本ハ、亞細亞洲ノ一帝國ニテ、其形ハ、東北ヨリ西南ニ向ヒホソ長キ島國ナルニヨリ、氣候モ從テ變化スレド、概シテ温和ニシテ、其土地ハ肥エ、産物ニモ富ミタリ。

世界萬國ノ中ニテ、獨立國ト云ヘルモノ、其數多シ。サレド、萬世一系ノ天子、是ヲ統御シ給ヒテ、二千年餘連續セル國ハ、吾國ノ外ニ其類アラズ。吾等ハ、斯ル國ニ生レ、而モ今日ハ、萬國ト富強ヲ競フベキ時ニ當レリ。故ニ此帝國ノ臣民タル吾等ガ務ヲ盡サンニハ、只力ヲ致シテ學問スルニア

高等小學讀本

緒言

一此書ハ、本局ニ於テ編纂セル尋常小學讀本ニ次ギ高等小學科第一學年ノ初ヨリ、第四學年ノ終マデ、兒童ニ、讀書ヲ教フルノ用ニ供センガ爲ニ、編纂セルモノニシテ、全部、通ジテ八冊トス。

一此書ヲ學ブノ兒童ハ、知識、已ニ漸ク發達スルニ由リ、其材料モ、從テ高尙ノ事項ヲ選擇セザル可カラズ。且、言語、文章ヲ教フルノ目的ハ、諸般ノ學術、工藝ノ端緒ヲ開クニ在ルニ由リ、其材料ノ、漸ク錯雜ナルベキハ、自然ノ順

一

序ナリ。故ニ此書中ニハ、修身、地理、歴史、理科、及ビ農工商ノ常職ニ要用ナル事項等ヲ、其主意ノ難易ニ從ヒ、交互ニ錯出セリ。

一此書ニ記述スル修身上ノ事項ハ、賢哲ノ格言、教旨ノ如キ、直接ニ命令禁戒スルノ體ヲ避ケ、專ラ小說、譬喩、諺言、傳記、詩歌等ヲ用ヒテ、兒童ノ愉悅心ヲ喚起シ、誦讀ノ際、自然ニ智勇ノ氣力ヲ養成シ、從順、貞淑、友愛ノ情ヲ感發シ、兒童ヲシテ、其身ヲ愛重シ、其志ヲ高尚ナラシメンヿヲ期ス。

一地理ハ、本邦有名ノ都府、勝區等ノ記事ニ始マリ、支那、歐米諸國ノ、我邦ト親密ナル關係ヲ有スル大都ノ情況ヲ

略説セリ。是レ地理書ノ、足ラザル所ヲ敷衍セントノ主意ニ出ヅルモノナリ。又歴史ハ、本邦古今ノ著名ナル事蹟ヲ記述シ、以テ兒童ヲシテ、帝室ヲ尊ビ、國家ヲ愛スルノ志氣ヲ涵養セシメンコトヲ主トセリ。

一理科ノ事項ハ、草木、鳥獸等ノ特性、及ビ其人生ニ要用ナル所以ヨリ、物理、化學ノ大體ヲ解説セリ。又今日ニ在リテ必要トスル諸力、諸器械ニ於ケル發明ノ顚末、發明者ノ傳記等ヲ記述シテ、兒童ノ奮發心ヲ興起センコトヲ務メタリ。且理科ノ事項ニシテ、兒童ニ理解シ難キモノハ、是ヲ對話體ニ寫シ出ダシテ、卷末ニ附記セリ。是レ兒童ノ理解ヲ容易ナラシムルノミナラズ、兼テ又辯論術ヲ

モ、養成センガ爲ナリ。

一製造ノ業、經濟ノ理等ハ、兒童ガ、他日工商トナリテ、知ラザル可カラザル事項ナルニ由リ、特ニ意ヲ用ヒテ、是ヲ記述セリ。且郡、市、府、縣、警察、中央政府ノ組織ヨリ、法律ノ大體ニ至リテハ、我邦人ノ、一般ニ通曉スベキ者ナルニ由リ、兒童ノ知識、發達スルノ程度ヲ斟酌シテ、是ヲ記述シ、以テ他日國家ニ對シテ盡スベキノ本分ヲ知ラシメンコヲ期シタリ。

一古人ノ文ヲ其儘ニ擧ゲタルハ、其主意二様アリ。一ハ、其文ノ、因テ以テ軌範トスルニ足ルベキモノヲ取リ、一ハ、其事實ノ、參考ニ供フベキモノヲ取リタルナリ。

四

一此書ニ於テハ、文章ノ華美ニシテ雅馴ナランヨリハ、寧ロ其記述スル事項ノ價値ヲ重ズルニ由リ、其文體ハ、成ルベク簡單明瞭ニシテ、理解シ易カランヿヲ主トセリ。且文字ノ、新奇ニシテ學ビ難カルベキモノハ、其課ノ末ニ摘錄シテ、是ニ註解ヲ加ヘ、又地名、人名ノ、讀ミ難キモノニハ、傍訓ヲ施シ、原語ヲ其儘ニ記シタル處ニハ、其下ニ原字ヲ挿入シテ、對照ノ便ヲ謀レリ。

一此書ハ、本局ニ於テ編纂シ、本省、特ニ設クル所ノ審査委員ノ審査ニ付シ、文部大臣ノ裁定ヲ經テ成レルモノナリ。

明治二十年十月　　文部省編輯局

六

高等小學讀本卷之一

目次

七

（二一章）

海岸

橫濱

桊豆

三韓ノ降服

時計

犬ノ話

雲ト雨トノ話

雲

文學ノ渡來

海中ノ花園

長崎

（三章）

九

書籍

茶ノ話

手ノ働

十

고등소학독본 1 원전 265

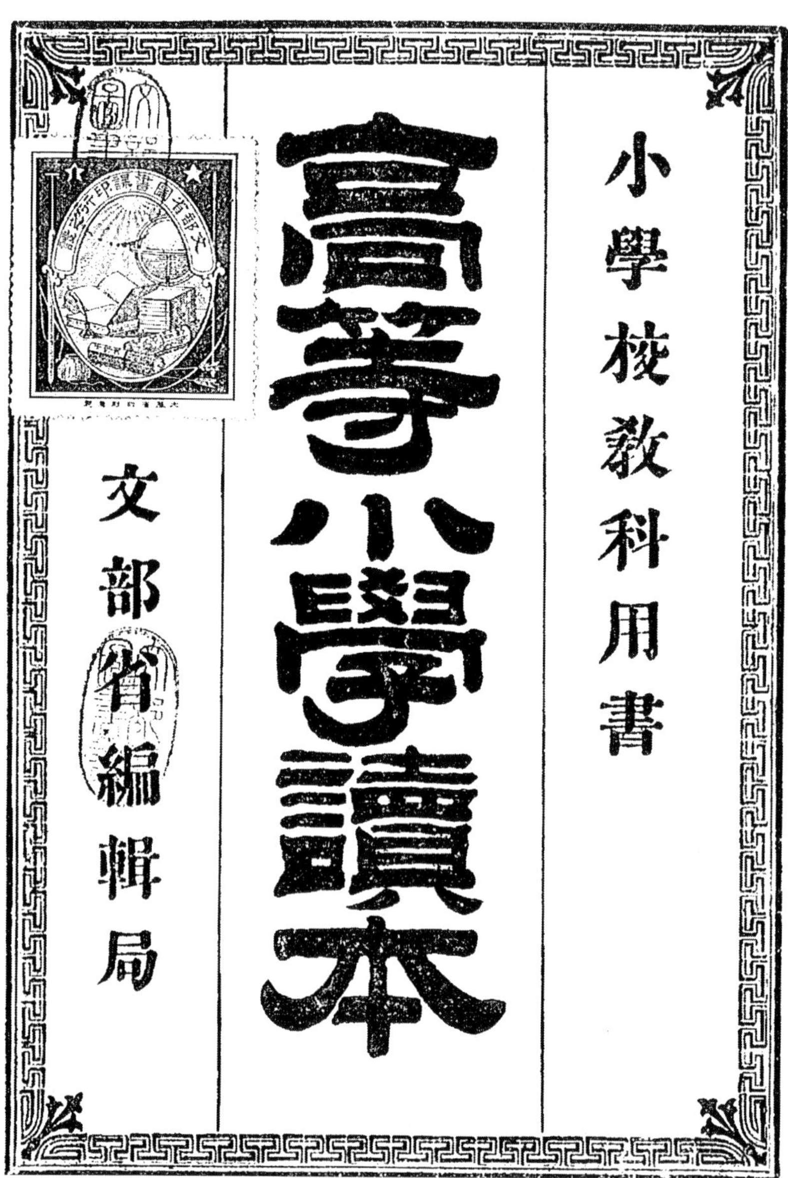

小學校教科用書

高等小學讀本

文部省編輯局

高等小學讀本

一